ISBN 978-3-9504049-0-6
2. Auflage, Salzburg 2015
Druck: DE Druck Europa GmbH, Pfalzburger Str. 72a, 10719 Berlin
Inhalt und Rezepte: Sabine Koch
Cover und grafische Gestaltung: Theresa Greisberger
Foodfotografie : Anna Wetzlmaier
Foto Autorin: Susi Graf
Foto Khan Riazat: Manuel Khan
Kapitelfotos: Sabine Koch, Indien, Nashik
Typografie: ITC Avat Garde Gothic Std.

www.vita-style.at

G'SCHMACK MAHAL

Sabine Koch

INHALTSVERZEICHNIS

VORWORT

Seit ich das erste Mal eingetaucht bin in den Duft und den Geschmack indischer Gewürze, die mit keinen anderen Gewürzen der Welt vergleichbar sind, hat mich die Faszination nicht mehr losgelassen. Aufgrund meines Berufes als *Ernährungs- und Diättherapeutin* interessieren mich die *naturheilkundlichen Einsatzmöglichkeiten* dieser Gewürze ungemein, die ich in diesem Buch ausführlich beschrieben habe. Denn Gewürze bereichern nicht nur unseren Speiseplan, sondern sind aufgrund ihrer wohltuenden Wirkung eine wichtige Zutat für unsere Gesundheit.

Durch eine besondere Fügung kreuzten sich die Wege von *Riazat Ullah Khan*, einem indischen Spitzenkoch und Besitzer des ersten *indisch-mongolischen* Restaurants Österreichs und mir auf einer Zugreise nach München und es entwickelte sich eine tiefe Freundschaft, begründet auf unserer gemeinsamen Begeisterung für indische Gewürze und das Kochen.

Wenn Sie das in dem Buch beschriebene theoretische Wissen über Gewürze gleich in die Tat umsetzen möchten,
finden Sie bei jedem Gewürz vier Rezepte:

- je ein indisches
- ein österreichisches
- ein vegetarisches und
- ein veganes.

In meinen *österreichischen Rezepten* spiegeln sich unter anderem meine ursprüngliche Heimat Wien, der Schmelztopf der ungarisch-böhmischen Küche wider, ebenso die Küche meiner steirischen Verwandtschaft und meiner neuen Heimat Salzburg.

Die indischen Rezepte stammen aus der Meisterküche von Riazat Ullah Khans indisch-mongolischer Familie. Das erste indische Kochbuch überhaupt erschien erst 1960, denn bis dahin wurden Rezepte nur mündlich innerhalb der Familien weitergegeben. Meine Absicht ist es nun, dieses Wissen überlieferter Rezepte nicht untergehen zu lassen und aus diesem Grund gebe ich, mit Riazats Erlaubnis, seine Küchengeheimnisse an Sie weiter.

Ich verrate Ihnen daher voll Freude und Stolz einige *uralte, original indische Rezepte*, so wie sie in der Familie Khan mündlich von Generation zu Generation weitergegeben wurden.

Nun wünsche ich Ihnen viel Spaß beim *Lesen, Ausprobieren* und *Experimentieren* mit den Gewürzen und Rezepten.

GLAUBEN SIE MIR: SO GUT KANN GESUNDHEIT SCHMECKEN!
IHRE SABINE KOCH

KAPITEL 1
GEWÜRZE SIND DAS SALZ DES LEBENS

ALS DIE GEWÜRZE REISEN LERNTEN

Wertvolle Gewürze waren einer der Gründe, warum die großen Entdecker des Mittelalters einen Überlandweg nach Asien und einen Seeweg nach Indien suchten, um die teuren Gewürze sicher nach Europa zu transportieren.

Der Transport über Land erfolgte über die Seidenstraße von Indien durch Persien, Irak, Türkei bis nach Europa. Indien und die arabischen Ländern stiegen zum Knotenpunkt des Gewürzhandels auf. Später erlangte auch Venedig ein Handelsmonopol.

Durch die lange Anreise über den Land- oder den Seeweg war dieser Handel so teuer, dass die Gewürze mit Gold aufgewogen wurden. In den Genuss dieser Gewürze kamen dadurch nur Reiche und Adelige, denn kein normal Sterblicher konnte sich diese Gewürze leisten.

Der weite Weg nach Europa

Seit Jahrhunderten wird der Welthandelsmarkt für Gewürze von Indien beherrscht. Die Hälfte des weltweiten Exportes stammt aus Indien. In keinem anderen Land wachsen so viele unterschiedlichen Gewürze in einem derartigen Übermaß, sodass sich nicht nur Indien selbst damit versorgen kann, sondern auch den halben Erdball mit dazu.

Bekannte Persönlichkeiten, die dazu beitrugen, dass Gewürze nach Europa kamen

ALEXANDER DER GROSSE (356- 323 v. Chr.) König von Makedonien . Durch die Erweiterung seines Reiches gelangte er bis Indien, wo er „schwarzes Gold", Gewürze wie Pfeffer, Nelken, Zimt, Chili und Kardamom kennenlernte.

KARL DER GROSSE (748 – 814) hatte ca. im Jahre 800 durch seine Landgüterordnung bewirkt, dass viele Kräuter, die aus Asien bei uns eingeführt wurden, auch hier angebaut worden sind. Gewürze aus Indien, die bei uns nicht wachsen, wie Pfeffer, Nelken, Kardamom und Zimt wurden im Rahmen dessen auch importiert und in die europäische Hofküche eingeführt.

DSCHINGIS KHAN (wahrscheinlich von 1162 - 1227) war Khan (König) der Mongolen, der die mongolischen Stämme vereinte und weite Teile Zentralasiens und Nordchinas eroberte. Nachfolger Dschingis Khans waren es, die die Seidenstraße bauten, nicht nur um mit Seide und Teppichen, sondern auch um mit Gewürzen zu handeln.

MARCO POLO (1254 - 1324) war venezianischer Kaufmann, Handelsreisender und Entdecker, einer der bedeutendsten Reisenden des Mittelalters, der durch die Berichte über seine Chinareise bekannt wurde. 1273/74 nutzte Marco Polo die Seidenstraße für seine Reise nach China. Über diese Route brachte er Pfeffer und andere Gewürze aus Indien mit. Doch bereits Marco Polos Vater Niccolo hatte China mit seinem Bruder Maffeo bereist, um dort Handel mit Seide und Gewürzen zu betreiben. Während dieser Reise, von der sie schließlich 1269 nach Venedig zurückkehrten, lernten sie den damaligen Herrscher Kublai Khan kennen, den Enkel von Dschingis Khan.

VASCO DA GAMA (1469 in Portugal- 1524 in Cochin, Indien) war ein portugiesischer Seefahrer und Entdecker des Seewegs um das Kap der Guten Hoffnung nach Indien. Er hat auf seiner Asien-Entdeckungsreise Gewürze kennen gelernt und einen Gewürzhandel über den Seeweg nach Europa in die Wege geleitet. Später folgten auf diesem Weg Franzosen und Engländer, die ebenfalls mit indischen Gewürzen handelten.

Ein weiterer Hinweis auf den Transport von Gewürzen findet sich in einer TIROLER VERORDNUNG aus dem JAHR 1420. Am Brenner, der heute eine Grenzstation zwischen Österreich und Italien ist, verlangte der Graf von Tirol Zoll: „Hier ist vermerkt wie den Zoll am Brenner für meine Herrschaft einnehmen soll: zuerst was ganz gut ist von Venedig, es sei Baumwolle, seidene Tücher, Pfeffer, Ingwer, Zucker, Safran, Muskat, Zimt und alles Gewürz, kostet den ganzen Zoll von 26 Groschen."

MISSIONARE AUS REGENSBURG holten im 17. Jahrhundert Zimt, Kardamom, Nelken und Muskat aus dem indischen Raum und so fanden die Gewürze Eingang in die Klosterwelt. Ein Hinweis darauf findet sich am Tor des Regensburger Klosters: „Gewürze sind das Salz des Lebens. Was wäre das Leben ohne Gewürze."
Die Missionare leiteten damals eine Schule in Kanpur in Indien (Bundesland Awadha) und ein Vorfahre von Riazat Khan, ein mongolischer Prinz namens Burhanul Mulk Saadat Ali Khan, hatte bei ihnen Sprachen gelernt. Die Missionare baten den Prinz, ihnen zu helfen, die Gewürze nach Europa zu bringen, da die Seidenstraße sehr gefährlich war und sie Begleitschutz brauchten. Der Prinz begleitete sie bis Regensburg und lehrte den Missionaren die Zubereitung verschiedener indischer Speisen. Danach bereiste der Prinz die Königshäuser in Europa und zeigte in deren Küchen die richtige Zubereitung indischer Gewürzgerichte.

STRUDEL TRIFFT SAMOSA

Die österreichische Küche

Die österreichische Küche wird oft mit der Wiener Küche gleichgesetzt, jedoch bietet die traditionelle Kochkunst Österreichs viele *regionale Ausprägungen*, die meist im Zusammenhang mit der Kochtradition der ehemaligen k. u. k. Monarchie Österreich-Ungarn stehen.

Österreichs vielfältige Küche zeugt bis heute von der einst großen Monarchie. Vor allem Wien war dabei der kulinarische Schmelztiegel: Hier überwogen die sogenannten *„Zuagrasten"*; sie stammten aus Ungarn, Böhmen, der Slowakei, aus Karpatenrussland, der Bukowina, Polen, Krain, Kroatien, Triest, Dalmatien oder *„nur"* aus den *heutigen Bundesländern*. Sie alle brachten Kochrezepte ihrer Heimat mit nach Wien und die österreichische Küche übernahm das Beste von allen. Gerichte und Zubereitungsarten wurden in die eigene Küche integriert und angepasst, als Beispiel sei hier das *Gulasch* genannt.

International bekannt ist die österreichische Küche unter anderem für ihre *Mehl- und Süßspeisen,* wie *Palatschinken, Germknödel, Buchteln, Strudeln,* sowie für Gerichte wie den *Tafelspitz, Wiener Schnitzel, Beuschel, Reisfleisch,* und vieles mehr. Die Gewürze wie Pfeffer, Kümmel, Zimt, Anis, Gewürznelken werden seit langem auch in Österreich selbstverständlich verwendet. Andere Gewürze wie Asant („Teufelsdreck") und Ajowan sind bei uns eher unbekannt.

Sie finden im Buch Rezepte für Erdäpfelwuzerl, Vanillerostbraten, Rotkraut ebenso, wie andere typisch österreichische Gerichte, jedoch mit einem Hauch Exotik. Seien Sie mutig und probieren Sie auch Ihre Lieblingsrezepte einmal mit anderen Gewürzen zu verfeinern. Die österreichischen Rezepte liegen mir sehr am Herzen, denn bei meiner eigenen Geschichte, der Mischung aus böhmischem und österreichischem Blut, ist die echte Wiener Küche natürlich ein großer Schwerpunkt bei mir zu Hause. Darum werden in meinen Rezepten die Bezeichnungen Erdäpfel, Paradeiser, Schlagobers oder Topfen verwendet, anstelle von Kartoffeln, Tomaten, Sahne und Quark. Mögen mir alle Leser aus Deutschland verzeihen! Bei Unklarheiten steht ein Glossar am Ende des Buches zur Verfügung.

Die indische Küche

Die indische Küche gibt es seit *5.000 Jahren*. Sie zählt zu den größten und aufregendsten der Welt. Wenn man von der „indischen Küche" spricht, ist dies eigentlich irreführend, denn in Indien leben ca. *100 unterschiedlichen Bevölkerungsgruppen*. Bedingt durch die unterschiedlichsten Sprachen und vielen Kulturkreise, bildeten sich verschiedenen *Essgewohnheiten*. Jede Familie, jeder Clan, jeder Bundesstaat hatte seine eigenen Rezepte und Gewürzmischungen. Indische Rezepte wurden nur *mündlich* überliefert.

Das Geheimnis der indischen Küche liegt in der Verwendung vieler *Gewürze* in jeder Speise, auch in einfachsten Gerichten sind oft ein dutzend Gewürze, manchmal auch raffinierte Gewürzmischungen. Diese Vielfalt an Gewürzen gibt es in keinem anderen Land der Welt, denn in Indien wächst fast alles, was das Herz und der Gaumen an Gewürzen begehren! Trotz der großen Vielfalt haben sich seit 5.000 Jahren Rezepte gehalten, die die *Basis* der *indischen Küche* ausmachen.

Vegetarisch oder nicht? 60% der Inder sind *Vegetarier* und trotzdem sind indische Fleischgerichte auf der ganzen Welt bekannt, sicherlich wegen ihrer raffinierten Zubereitung und der Verwendung ganz spezieller Gewürze. Eine der Hauptzutaten der indischen Küche sind jedoch *Linsen* und *Bohnen*. Als Proteinquelle haben sie gegenüber tierischer Produkte zwei Vorteile: Sie sind *getrocknet jahrelang haltbar* und außerdem wesentlich *billiger.* Der Anbau von Linsen und Bohnen ist bereits archäologisch nachgewiesen.

Woher stammt der Begriff „Heilige Kuh"? Nach dem großen Krieg *„Mahabharat"* vor ca.5.000 Jahren gab es zwei Jahre lang keine Ernte. Daher wurde von *ajurvedischen Ärzten verboten,* das einziges Haustier, die Kuh, zu *schlachten* und deren Fleisch zu *verzehren*, sowie deren Haut als Leder zu *verwerten!* Damit war die Versorgung der Bevölkerung durch Milch, Joghurt, Ghee (Butterschmalz), Paneer (Frischkäse) gesichert, die Kuhfladen konnten als Brennmaterial verwendet werden. Frischmilch wird jedoch außerhalb der süßen Küche nur selten verwendet, stattdessen wandelt man sie in haltbare Formen wie Butterschmalz, Joghurt und Käse um.
Bis heute wird in *5 indischen* Bundesländern *kein Rind geschlachtet* und *verkauft.* Der Begriff *„heilige Kuh"* hat also nichts mit Religion, sondern mehr mit der *Überlebensstrategie* vor 5.000 Jahren zu tun!

Riazat Ullah Khan verrät uns im Gewürzekapitel einige seiner Familienrezepte aus dem Bundesland von Krishna, Rama und Arier, dem Geburtsland von Riazat, deren Zusammensetzung und Zubereizung seit 5000 Jahren nicht geändert wurden.

GEWÜRZE SIND DAS SALZ DES LEBENS

... was wäre das Leben ohne Gewürze.

Ein echter, gesunder Genuss!

Gewürze bereichern unsere Speisenzubereitung, verleihen Speisen einen unverkennbaren Geschmack und wecken Urlaubserinnerungen. Sie bereichern jedoch auch unsere *Gesundheit*, sowohl körperlich als auch seelisch. Gewürze sind in der Regel *frische* oder *getrocknete Pflanzenteile*, die oft auch aus *Tropenpflanzen* gewonnen werden. Sowohl die *Blätter* als auch die *Samen, Blüten, Rinden* oder *Wurzeln* verwendet man zum Würzen von Speisen.

Eingeteilt werden Gewürze in Gruppen, ausgehend davon, welcher Pflanzenteil zum Würzen verwendet wird:

- Fruchtgewürze: Pfeffer, Fenchel, Kümmel, Kreuzkümmel, Sternanis, Chili , Anis, Koriander, Piment
- Samengewürze: Muskatnuss, Kardamom, Schwarzkümmel
- Rindengewürze, wie Zimt
- Blütengewürze, wie Safran und Gewürznelken
- Rhizomgewürze: Ingwer und Kurkuma
- Zwiebelgewürze: Knoblauch
- Blatt- und Krautgewürze, wie Korinderblätter

Die verwendeten Teile von Ajowan, Anis, Fenchel, Koriander und Kümmel sind streng genommen Früchte, und keine Samen. Ich bleibe wegen der allgemeinen Verständlichkeit aber meist beim Ausdruck „Samen" bei den einzelnen Beschreibungen dieser Gewürze.

Betrachten wir die Gewürze vom Standpunkt der *Küchenapotheke* aus, regen folgende Stoffe verschiedene Funktionen in unserem Körper an: Bitterstoffe, Gerbstoffe, scharf brennende Stoffe, Glukosinolate, ätherische Öle, Phytoöstrogene, Antioxidantien und bei frischen Gewürzen reichlich Vitamine, Mineralstoffe, sekundäre Pflanzenstoffe und Spurenelemente. All diese Inhaltsstoffe setzen sich aus verschiedenen *chemischen Verbindungen* zusammen. Oft sind es viele Dutzende in einem einzigen Korn! Schon das ätherische Öl einer Pflanze kann mehrere hundert Bestandteile enthalten!

In allen Kulturen und seit Menschengedenken wussten die Menschen um die Kraft heimischer Kräuter und Gewürze und deren Einsatz als Quelle für Wohlbefinden und Gesundheit. Jahrhundertelang waren zum Beispiel Pfeffer, Ingwer oder Knoblauch wichtige *Medizinzusätze*, die aufgrund noch nicht vorhandener Pharmaindustrie den Menschen zur Verfügung standen, um gesund zu werden und zu bleiben! Seit gerade einmal 150 Jahren wissen wir, was Bakterien und Viren sind, und wie die Pharmakologie sie bekämpfen kann. Früher wussten die Menschen nur, dass *Gewürze wirken*, wenn auch nicht warum.

Bereits seit der *Antike* sowie in der *Klostermedizin* und in der *indisch-ayurvedischen Heilkunst* fanden und finden Gewürze und Kräuter ihren Einsatz. Erst durch die Pharmaindustrie wurden die natürlichen Heilmittel immer weiter in den Hintergrund gedrängt. Ayurveda, die *Wissenschaft vom langen Leben*, stammt aus der uralten vedischen *Hochkultur Indiens* (1500-500 v. Chr., Vorläufer des Hinduismus und des Buddhismus) und ist das *älteste überlieferte Gesundheitssystem der Welt*.

Durch den größten indischen Krieg, genannt *Mahabharata,* ca. 3000 Jahre vor Christus, starben Millionen Menschen. Die Überlebenden litten an Seuchen und sonstigen Krankheiten. Man vermutet, dass damals *Ayurweda entstand*, denn es wurden zur Heilung Wurzeln und Kräuter sowie Gewürze verwendet. In der ayurvedischen Medizin wird nicht strikt zwischen Kochen und Heilen unterschieden. Deshalb finden wir viele Gewürze unter den Heilpflanzen und umgekehrt. So sind *Medizin* und *Küche, Gesundheit* und *Ernährung* immer schon Verbündete gewesen. Dieses wunderbare Wissen ignorieren wir viel zu oft. Stattdessen ernähren wir uns unvernünftig und versuchen dann, uns etwa bei Verdauungsproblemen mit Tabletten zu behelfen, anstatt unser Essen mit *verdauungsfördernden Gewürzen* wie Kreuzkümmel oder Koriander zu verfeinern.

Müssten Hippokrates (ca 460 - 375 v. Chr.) oder die Hl. Hildegard von Bingen (1098 – 1179) das heute mit ansehen, würden sie nur ungläubig den Kopf schütteln, denn schon Hippokrates sagte:

„Lass die Nahrung deine Medizin sein und Medizin deine Nahrung sein!"

Auch heute wirken diese Gewürze ebenso wie vor 5000 Jahren!

Ich werde im Buch beim jeweiligen Gewürz dessen vorrangige *Wirkungsweisen* beschreiben, damit Sie dank der Heilkraft der Gewürze gesund bleiben. Ein echter gesunder Genuss!

GEWÜRZ - ERSTE - HILFE

In der folgenden Übersicht finden Sie auf einen Blick, welches Gewürz Sie für Ihr gesundheitliches Anliegen verwenden können. Fügen Sie das jeweilige Gewürz den Speisen zu, bereiten Sie einen Tee daraus oder verwenden Sie es äußerlich aufgetragen. Genauere Verwendungsmöglichkeiten erfahren Sie bei den einzelnen Gewürzen im Kapitel 2.

Allgemein

Schmerzlinderung: Ingwer, Kurkuma, Nelken
wärmend: Knoblauch, Pfeffer, Zimt, Kardamon, Anis, Muskat, Ingwer, Ajowan,
Quetschungen & Prellungen: Kurkuma
fürs Zunehmen: Bockshornklee
stoffwechselanregend: Bockshornklee, Kardamom, Pfeffer, Zimt

Atemwege

schleimlösend: Asant, Ingwer, Kardamom, Knoblauch, Piment
Bronchialkatarrh (Bronchitis): Anis, Bockshornklee, Kurkuma, Safran
Erkältung: Ajowan, Kardamom, Nelken, Zimt
Husten: Anis, Bockshornklee, Ingwer, Kümmel, Kurkuma, Nelken, Safran
Asthma: Asant, Ingwer, Kardamom
Keuchhusten: Asant
frischer Atem: Anis, Kardamom
Halsentzündungen, Nebenhöhlen: Senf

Bewegungsapparat

Gelenkschmerzen: Chili, Kreuzkümmel, Senf
Muskelschmerzen: Chili, Kreuzkümmel, Senf
Rheuma: Knoblauch, Koriander, Kurkuma, Senf
krampflösend: Asant, Kardamom, Kurkuma, Safran, Senf

Energie

Stärkungsmittel: Bockshornklee, Knoblauch
aphrodisierend: Kardamom, Muskat, Zimt
gegen Müdigkeit: Anis, Kümmel, Muskat, Zimt

Frauen

Wechselbeschwerden: Kardamom, Zimt
Menstruationsbeschwerden: Asant, Kardamom, Koriander, Kreuzkümmel, Kümmel, Kurkuma, Muskat,Safran, Zimt
milchfördernd: Bockshornklee, Kreuzkümmel

Gefäße und Blut

Bluthochdruck: Knoblauch, Zimt
Gefäßveränderungen: Knoblauch, Zimt
cholesterinsenkend: Ingwer, Knoblauch
blutreinigend: Kreuzkümmel, Kurkuma
Anämie: Bockshornklee, Kurkuma
Kreislauf anregend: Chili, Zimt
Lymphe: Nelken

Immunsystem

entzündungshemmend: Kardamom, Pfeffer, Senf
natürliches Antibiotika: Knoblauch
entgiftend: Koriander, Kreuzkümmel, Kurkuma
Immunsystem stärkend: Chili, Ingwer, Knoblauch, Nelken
antiseptisch: Ajowan, Kurkuma, Nelken
fiebersenkend: Ajowan, Koriander, Kreuzkümmel, Kurkuma, Pfeffer
Heilprozesse unterstützend: Bockshornklee, Kurkuma
gegen Bakterien & Viren: Knoblauch, Koriander, Kreuzkümmel, Kurkuma, Nelken, Pfeffer, Zimt
pilzhemmend: Ingwer, Knoblauch, Koriander, Kurkuma, Zimt

Kopf

Kopfschmerzen: Kardamom, Senf
Migräne: Anis, Kardamom
Gedächtnis: Anis

Männer

Potenz steigernd: Garam Masala, Knoblauch
samenbildend, - steigernd: Ingwer, Kurkuma, Safran

Organe

Galle: Ingwer, Kreuzkümmel, Kurkuma, Senf
Herz: Anis, Asant, Zimt
Harnwege, Niere, harntreibend: Fenchel, Kardamom, Koriander, Kurkuma, Zimt
Milz: Bockshornklee
Leber, Gelbsucht: Asant, Bockshornklee, Kreuzkümmel, Kurkuma
Bauchspeicheldrüse, Diabetes: Kreuzkümmel, Kurkuma, Zimt

Psyche & Nerven

nervenberuhigend: Muskatnuss, Safran
nervenstärkend, bei Stress: Chili, Fenchel, Kurkuma, Piment, Senf
Depressionen: Fenchel
Hysterie: Asant

Schlaf

schlaffördernd: Fenchel, Muskat, Pfeffer, Safran

Verdauung

verdauungsfördernd: Anis, Chili, Fenchel ,Ingwer, Kardamom, Koriander, Kreuzkümmel, Kümmel, Muskat, Nelken, Pfeffer, Safran, Senf, Zimt

krampflösend: Anis, Fenchel, Koriander, Muskat

Sodbrennen: Ajowan, Ingwer, Senf

Blähungen: Ajowan, Anis, Asant, Fenchel, Ingwer, Kardamom, Koriander, Kreuzkümmel, Kümmel, Kurkuma, Nelken, Pfeffer, Safran

Magenbeschwerden: Ajowan, Asant, Ingwer, Kreuzkümmel, Kümmel, Nelken, Piment, Senf, Zimt

Darmbeschwerden: Ingwer, Koriander, Kreuzkümmel, Kurkuma, Piment, Zimt

Völlegefühl: Anis, Ingwer, Koriander, Kümmel

Durchfall: Ajowan, Kreuzkümmel

Verstopfung: Ajowan, Bockshornklee, Nelken

Laktoseunverträglichkeit: Ajowan

Übelkeit, Erbrechen: Ingwer, Kümmel, Nelken, Pfeffer, Senf

appetitanregend: Chili, Ingwer, Koriander, Kurkuma, Nelken, Pfeffer, Piment, Safran

Zähne

Zahnschmerzen: Nelken, Safran

Amalgambelastung: Kurkuma

EINTEILUNG NACH GESCHMACKSRICHTUNGEN

Mild harmonisch

- Fenchel
- Koriander (auch süß)
- Kurkuma
- Muskat

Ihre Aromen unterstützen durch ihren weichen und samtigen Geschmack andere Gewürze und harmonisieren in Gewürzmischungen.

Orientalisch erdig

- Nelken
- Kardamon
- Kreuzkümmel
- Kümmel
- Piment
- Safran

Sie sind wärmespendende Gewürze mit dem Aroma von Wald und Rinde.

Feurig scharf

- Chili
- grüner Pfeffer
- Ingwer
- Knoblauch
- Langpfeffer
- schwarzer Pfeffer
- weißer Pfeffer

Die Highlights sind Pfeffer und Chili,
aber auch andere Gewürze können „einheizen".

Bitter-sauer

- Bockshornkleesamen
- Senfkörner
- Ajowan

Balsamisch süß

- Anis, Sternanis
- Zimt
- Rosa Pfeffer
- Koriander

Auch wenn die Gewürze nicht wirklich süß schmecken, verleihen sie den Speisen eine ganz besondere verführerische Note.

KAPITEL 2
GEWÜRZE VON A-Z

ALLGEMEINE REZEPTINFORMATIONEN

Alle in diesem Buch verwendeten Gewürze können Sie in indischen oder asiatischen Lebensmittelgeschäften, in einigen Supermärkten oder Reformhäuser kaufen oder im Internet bestellen, ebenso einige Zutaten, wie Hafermilch, Tofu, Sojamilch usw...

Jede *Zutatenmenge* bezieht sich auf *4 Portionen,* außer es ist bei einem Rezept extra anders angeführt. Der Einfachheit halber habe ich darauf verzichtet, das Waschen, Putzen, Schälen von Gemüse, Obst und frischen Kräuter zu beschreiben, da dies sowieso für jeden Koch und Köchin selbstverständlich sein sollte. Bei Chili können Sie natürlich selbst bestimmen, ob Sie lieber *scharfen* oder *milden* Chili verwenden, denn nicht jeder isst gerne sehr scharf.

Die in einigen Rezepten verwendete *Knoblauch-Ingwer-Pasta* können Sie auf Vorrat zubereiten und vielen Ihrer *Lieblingsrezepte* für ein schärferes Aroma beifügen.

Hier die Zubereitung :

- 200g Knoblauchzehen, geschält, gewürfelt
- 100g Ingwer , gewaschen, nicht geschält
- 1 Tasse Wasser

Alle Zutaten im Mixer fein mahlen.
In verschraubbares Glas einfüllen und im Kühlschrank aufbewahren. 1 Woche haltbar.

Mengenerklärung:

1 Tasse = 200ml
1 große Knolle Ingwer hat die Größe von etwa 4 Knoblauchzehen
1 kleine Knolle Ingwer hat die Größe von 1 Knoblauchzehe

Abkürzungen:

EL = Esslöffel
TL = Teelöffel
Msp. = Messerspitze
l = Liter
g = Gramm

Zeichenerklärung:

● ○ ○ – schnelles, einfaches Gericht
● ● ○ – mittlerer Aufwand, kann eine etwas längere Zubereitungszeit haben
● ● ● – aufwendiges Gericht, lange Zubereitungszeit

5000 JAHR ALTE BASISREZEPTE

... die in den Rezepten dieses Buches öfter als Zutat verwendet werden.

GHEE

Butterschmalz zum Anbraten und Verfeinern von Speisen

Zutaten für 400ml Ghee

- 500 g Butter

WARUM GHEE?

- Ghee ist hocherhitzbar, da es kein Eiweiß und Wasser mehr enthält.
- Es kann von Personen mit Milcheiweiß- und Laktoseintoleranz verzehrt werden.
- Ghee wird länger geköchelt und geklärt als Butterschmalz, daher ist es länger ungekühlt haltbar.

Zubereitung

Die Butter in einem breiten Topf zerlassen und kurz aufkochen lassen. Knapp unter dem Siedepunkt 3 Stunden am Herd garen, es darf nur ganz leicht blubbern. Ab und zu umrühren, nicht zudecken.

Der sich bildende Schaum setzt sich gegen Ende der Garzeit als goldgelber Gries am Boden ab. Vom Herd nehmen und vor dem Umfüllen in Gläser ca ½ Stunde rasten lassen. Erst nach dem Auskühlen die Gläser mit Deckel verschließen. In geschlossenen Behältern ist das Ghee ohne Kühlung 3 Jahre haltbar.

PANEER **Frischkäse**

Zutaten für 130g Paneer

- 1l Roh- oder Frischmilch
- 1 EL Zitronensaft

Zubereitung

Milch in einem Topf aufkochen, gelegentlich umrühren. Sobald die Milch aufkocht, nach und nach den Zitronensaft mit einem Schneebesen unter den Milchschaum rühren.

Ein Sieb mit einem sauberen Küchentuch auslegen. Die ausgeflockte, leicht abgekühlte Milch langsam hineingießen und das Tuch zusammendrehen und solange auswinden, bis die gesamte Flüssigkeit abgelaufen ist.

Das Käsepäckchen in eine Schüssel legen, mit einem Teller und einem schweren Gegenstand, zB Gemüsekonservendose, beschweren. 1 Stunde im Kühlschrank stehen lassen.

Den fertigen Käse aus dem Tuch nehmen, in einer Schüssel komplett mit Wasser, eventuell Salzwasser, bedecken. Im Kühlschrank eine Woche haltbar, Wasser alle zwei Tage wechseln.

DAHI **Joghurt**

Zutaten

- ½ l Milch
- 1 TL Naturjoghurt

Zubereitung

Milch zum Kochen bringen. Aus der Höhe die heiße Milch in ein emailliertes Tongefäß gießen, sodass ein Schaum entsteht.

Wenn die Milch lauwarm ist (gerade nicht mehr heiß), das Naturjoghurt unterrühren. An einem warmen Platz stehen lassen. Nach 2-3 Stunden, wenn das Joghurt fest ist, im Kühlschrank aufbewahren.

Empfehlung: das Tongeschirr nur mit Wasser ohne Geschirrspülmittel ausspülen, wenn es zur weiteren Joghurtzubereitung verwendet werden soll.

ROTI oder CHAPATI **Fladenbrot**

Zutaten

- 150g Vollkorn-Weizenmehl
- 1 Prise Salz
- lauwarmes Wasser
  (Menge variiert je nach Mehlsorte)

Zubereitung

Mehl und Salz mit etwas lauwarmen Wasser zu einem festen glatten, nicht klebrigen Teig verarbeiten und ca eine halbe Stunde mit feuchtem Tuch zugedeckt rasten lassen.

Teig auf bemehlter Arbeitsfläche zu ca 2mm dicken Fladenbrote rund ausrollen und in heißer Pfanne ohne Fett beidseitig backen.

Nach dem Wenden am besten mit Pfannenheber auf die entstandenen Luftblasen drücken, damit sie sich komplett aufblähen.

Sie sind fertig, wenn sie beidseitig goldbraune Flecken haben.

LASSI **Joghurtgetränk - Sweet Lassi - Salziges Lassi**

Zutaten

- ½ l Naturjoghurt
- ¼ l Milch

Für Sweet:
- 4 EL Zucker

Für Fruchtiges:
- geschälte, pürieret Früchte (zB Mango, Bananen, usw.)
- 1 Prise Kardamom oder Kreuzkümmel

Für Salziges:
- ½ l Naturjoghurt
- ¼ l Milch
- ½ TL Kreuzkümmel
- Pfeffer
- Salz

Zubereitung

Alle Zutaten gut rühren, am besten im Standmixer mixen.

Für Salziges:

Kreuzkümmel ohne Öl dunkelbraun anrösten, im Mörser fein zermahlen. Alle Zutaten nun gut verrühren und mit Pfeffer und Salz abschmecken.

NATURSUPPE

Zutaten

- Gemüsereste

Zubereitung

Alle Reste vom Gemüse, zB gut gewaschene Schalen, Kerne, Stängel,… mit Wasser kochen, den Sud durch ein Sieb abgießen und zur Weiterverwendung auffangen.

Ist eine vitaminreiche „Abfallverwertung".

GEWÜRZE VON A BIS Z

Pro Gewürz je

- 1 indisches,
- 1 österreichisches,
- 1 vegetarisches,
- 1 veganes Rezept.

AJOWAN

Lieblingsgewürz der Vegetarier

Indischer Name: Ajwain
Botanischer Name: Trachyspernmum

Verwendungsform

Samen: ganz und gemahlen
Blätter: frisch und getrocknet

ALLGEMEIN

Ajowan kommt ursprünglich aus Indien, wird heutzutage jedoch auch in Pakistan, Ägypten, Äthiopien, dem Iran und Afghanistan angebaut. Er wurde bereits im frühen Mittelalter über Handelsrouten nach Europa gebracht. Hier versuchte man, die Pflanze zu kultivieren, verwarf es jedoch bald wieder, da er nicht gedeihte. Die Früchte des Ajowan werden ähnlich wie Kümmel, Anis und Kreuzkümmel verwendet.

NATURHEILKUNDLICHE VERWENDUNG

In der ayurvedischen Medizin wird es bei Verdauungsstörungen wie Sodbrennen, Blähungen, Magenkrämpfen und sowohl bei Verstopfung als auch bei Durchfall eingesetzt. Auch gegen Fieber und Laktoseunverträglichkeit findet es Verwendung.

Ajowan wird auch wegen seines Gehaltes an Thymol kultiviert, ein Bestandteil des enthaltenen ätherisches Öls, das medizinisch gegen Erkältungskrankheiten oder als Antiseptikum eingesetzt wird, da es stark entzündungshemmend wirkt. In Mundwasser ist es ebenfalls zu finden.

GESCHMACK UND AROMA

Ajowan hat einen aromatischen, scharfen Geschmack und ein starkes Basilikum/Thymianaroma. Würzt intensiv, deshalb sparsamer anwenden!

VERWENDUNG IN DER KÜCHE

- für Pickles,
- indische Snacks aus Nüssen,
- stärkehaltige Nahrungsmittel, einschließlich Wurzelgemüse.

In der indischen Küche dienen die angerösteten Samen zur Zubereitung stark kohlenhydrathaltiger Speisen, wie z. B.

- Kartoffeln
- Hülsenfrüchten und in
- herzhaftem Gebäck

In indischen Gewürzmischungen, wie etwa

- Chat Masala
- Dal Masala ist dieses Gewürz ein fester Bestandteil.

Ajowan verleiht durch seine brennend-aromatische Würze jedem Gericht den richtigen Pep. Aus indischen Rezepten ist Ajowan nicht mehr weg zu denken. Da Ajowan mehr fett- als wasserlöslich ist, ist es sinnvoll, die Samen vor der Zubereitung kurz in Butter oder Öl anzubraten und erst dann dem Essen beizumengen. Geschmacksgebende Verbindungen werden gelöst und in der Zubereitung verteilt. Das Aroma wird dadurch spürbar verstärkt.

Samosa

vegetarisch, S.46

Aloo Keema **Fleischgericht mit Erdäpfel** ●●○

Zutaten

- 400g Beinfleisch, fein gehackt
- 200g Erdäpfel, gewürfelt
- 2 Zwiebel, gewürfelt
- 3 EL Ghee (Butterschmalz)
- 1 EL Knoblauch-Ingwer-Pasta
- 1TL Panch Puram Gewürzmischung siehe S. 73
- 1EL mildes Paprikapulver
- ½ TL Chilipulver
- 1 EL gemahlener Koriander
- 1 TL Curryblätter
- 1 Tasse Suppe

Garam Masala im ganzen:

- 3 Kardamomkapseln
- 4 Nelken
- 1 Zimtstange
- 2 Lorbeerblätter
- 10 geschrotete Pfefferkörner

- 2 Paradeiser, gewürfelt
- 1 kleine Knolle Ingwer, fein geschnitten
- 2 grüne Chili, fein gehackt
- 1 Bund Koriander, fein gehackt

Zubereitung

Ghee erhitzen, Panchpuram kurz unterrühren, Zwiebel dazu und goldbraun anrösten.
Fleisch und Garam Masala Mischung durchrösten, bis Fleisch schöne braune Farbe hat. Dann salzen und Knoblauch-Ingwer-Pasta dazu, kurz anrösten. In Suppe Chili-, Paprika- und Korianderpulver sowie Curryblätter anrühren und dem Fleisch beifügen. Erdäpfel unterrühren.
Langsam kochen, bis sich das Fett an der Oberfläche absetzt. Paradeiser dazu, 5 Minuten kochen. Grüner Chili und Ingwer, sowie gehackten Koriander untermengen. Zudecken, nicht mehr kochen, 5 Minuten rasten lassen.

Erdäpfel-Kohlsprossen-Strudel •••

Zutaten

Strudelteig:

- 100g griffiges Mehl
- 100g glattes Mehl
- 1/8 l lauwarmes Wasser
- 1 EL Rapsöl
- Etwas Butter zum Bestreichen
- 1 Prise Salz

Fülle:

- 500g in Schale gekochten Erdäpfel
- 300g Kohlsprossen, blanchiert
- 1 Zwiebel
- 1 EL Sauerrahm
- 2 Eier
- 2 EL Butter
- Salz, Pfeffer, Ajowan, Oregano

Zubereitung

Teig:

Das Mehl auf der Arbeitsfläche kegelförmig häufen, nach und nach Wasser und Öl beigeben und kneten, bis ein geschmeidiger, fester Teig entsteht. ½ Stunde zugedeckt rasten lassen. Mehl auf Arbeitsfläche, ausrollen und mit flüssiger Butter bestreichen, 5 Minuten rasten lassen (dadurch lässt sich der Teig problemlos ausziehen). Anschließend mit Handrücken auseinanderziehen. Eventuell immer wieder Hände mit Öl benetzen, damit sie nicht trocken werden.

Fülle:

Die kleinwürfelig geschnittenen Zwiebel kurz in Butter anrösten und überkühlen lassen. Die gekochten, abgeschälten Erdäpfel mit Gabel fein zerdrücken und mit den Kohlsprossen, den Eiern, dem Sauerrahm, der Zwiebel und den Gewürzen vermischen. Den Strudelteig mit Butter bestreichen und auf ein befettetes Backblech legen.

Mit Butter bestreichen und im Backrohr bei 170 Grad 35 Minuten backen.

Passend dazu: Sauerrahm mit Kräutern oder Knoblauch.

Varianten:

Strudelteig mit Vollkornmehl zubereiten, sowie Ingwer, Karotten, Karfiol, Erbsen, Lauch, frisches biologisches Gemüse nach Saison verwenden. Einen geschälten, in Streifen geschnittenen sauren Apfel unter das Gemüse mischen!

TIPP

Dieses Teigrezept kann auch für alle süßen Strudel wie zB Apfelstrudel und Topfenstrudel verwendet werden.

Für Eilige: es kann auch fertiger Strudelteig verwendet werden!

Samosa ●●○

Zutaten

Teig für Samosa:

150g gemischtes Weizenmehl und Vollweizenmehl
Je eine Prise:
- Ajowan
- Salz

1El zerlassene Butter

Fülle:

2 große Erdäpfel gekocht
20g Zuckererbsen gekocht
Kerne von einem ¼ Granatapfel
Je eine Prise:
- Kreuzkümmel
- Schwarzkümmel
- Koriander
- Salz
- Pfeffer

1 Tl Chat Masala

Zubereitung

Teig:

Zutaten mit lauwarmen Wasser zu einem festen, glatten Teig verarbeiten und zugedeckte eine halbe Stunde rasten lassen.

Fülle:

Gewürze kurz in etwas Fett anrösten, dann die zerdrückten Erdäpfel und Erbsen beigeben und kaltstellen. Später zu den erkalteten Kartoffeln die Granatapfelkerne untermischen.

Aus dem Teig etwa 12 Kugeln formen und zu dünnen Fladen ausrollen, Arbeitsfläche nicht bemehlen. In der Mitte halbieren, die halbierte Flade zu Tüte formenund etwas von der Kartoffelmasse einfüllen, den oberen Rand etwas anfeuchten und zusammendrücken. Die Teigtaschen mit einem feuchten Geschirrtuch abdecken und in heißem Fett backen.

Würzige braune Linsen ●●○

Zutaten für 4 Portionen

- 250g braune Linsen
- 2 El Pflanzenöl
- 1 mittelgroße Zwiebel, feingehackt
- 1 Knoblauchzehe, gehackt
- Gemahlene Ajowan-Samen
- Cayennepfeffer
- Salz

Zubereitung

Die Linsen mit 450 ml Wasser in einen Topf geben und eine Stunde einweichen. Das Öl in einer Pfanne erhitzen und die Zwiebel darin sautieren. Den Knoblauch zugeben und weitere 30 Sekunden anbraten. Den Pfanneninhalt zu den vorgeweichten Linsen geben und mit Ajowan, Cayennepfeffer und Salz abschmecken. Bei mittlerer Hitze zum Kochen bringen. Zugedeckt etwa 1- 1 ½ Stunden kochen, bis die Linsen weich sind und die Garflüssigkeit aufgesogen ist. Abschmecken und heiß servieren.

ANIS

Heilpflanze des Jahres 2014

Indischer Name Anis: Saunf
Indischer Name Sternanis: Takkolam
Botanischer Name Anis: Pimpinella anisum
Botanischer Name Sternanis: Illicium verum

Verwendungsform

Früchte: getrocknet
Blätter: frisch

Sternanis: ganze Früchte

ALLGEMEIN

Anis ist eines der ältesten Gewürze in der Geschichte der Menschheit. Der Name geht auf das griechische Wort άνηθον für Dill zurück, mit dem Anis verwechselt wurde. Ausgrabungen auf Santorin ergaben, dass die Verwendung von Anis im 16. Jahrhundert vor Chr. allgemein üblich war.

Im 7. Jahrhundert v. Chr. betrieben Athen und Korinth einen lebhaften Handel mit Duftölen, in denen auch der Anisduft eine Rolle spielte. Pythagoras bezeichnete um 550 v. Chr. mit Anis gewürztes Brot als köstliche Delikatesse. Bei Ausgrabungen im römischen Kolosseum entdeckte man Anisfrüchte, die die Zuschauer der Gladiatorenkämpfe als „Knabbereien" dabei hatten und zwischen den Sitzreihen verloren hatten. Im Mittelalter wurde die Pflanze auch nördlich der Alpen angebaut, obwohl hier das Wetter nicht verlässlich genug war, um die Früchte in jedem Sommer ausreifen zu lassen.

Anis kommt ursprünglich aus dem Mittelmeerraum, heute wird er hauptsächlich in Gebieten mit gemäßigtem Klima angebaut. Hauptanbaugebiet sind Indien, Ungarn, Spanien und Südrussland.
Viele (wahrscheinlich sehr viele) von uns kennen den Anis von dem Ouzo, dem Nationalgetränk der Griechen, dem Raki der Türken, dem Pernod der Franzosen. Alles was milchig wird, wenn es mit Wasser aufgegossen wird, enthält Anis.

Sternanis ist ein achtzackige Stern mit jeweils einem Samenkorn in jeder Sternspitze. Sternanis hat mit Anis jedoch keinerlei Verwandtschaft. Wegen der Namensgleichheit möchte ich ihn aber doch hier beschreiben. Sternanis ist die getrocknete Frucht eines immergrünen Baumes. Die einzige Gemeinsamkeit mit Anis ist dessen Aroma.

NATURHEILKUNDLICHE VERWENDUNG

Anis ist ebenso wie Fenchel verdauungsfördernd und bekannt für seine Wirkung bei Verdauungsbeschwerden. Das enthaltene ätherische Öl hilft gegen Blähungen und Völlegefühl und als krampflösendes Mittel bei Magen- und Darmbeschwerden. Ein Anistee wirkt Wunder. Dazu einen Teelöffel Anisfrüchte im Mörser zerstoßen und mit einem ¼ l kochendem Wasser aufgießen. Nach 10 Minuten abseihen. 1 TL davon verdünnt mit Tee oder Wasser in ein Babyfläschchen entspannt auch Babys Bauch.

Ein mit Anis zubereitetes Gericht ist daher leichter verdaulich. Anis hilft aber auch lästige Nebenerscheinungen der Verdauung zu vermeiden: Schläfrigkeit, Migräne, Schwindelgefühl. Andere Heilwirkungen des Anis: Er unterstützt das Herz und regt die Nervenzellen an – also eine richtiggehende Hirnzellenkur. Er erhöht vorübergehend die Aufnahmefähigkeit des Gedächtnisses. Anis können Sie ebenfalls naturheilkundlich einsetzen bei Bronchialkatarrh und bei Husten.

Sternanis findet in Hustenmitteln Verwendung, da er schleimlösend wirkt. Er hilft auch gegen Blähungen und Magenkrämpfe. Das Lutschen der Sternchenspitzen bringt frischen Atem.

GESCHMACK UND AROMA

Anis hat ein süßes Aroma und einen ausgeprägten Lakritzengeschmack. Für das frische Aroma die Früchte vor dem Kochen fein zermahlen. Da der Geschmack sehr intensiv ist, sollte Anis möglichst sparsam verwendet werden. Durch die Beigabe von Dill wird der Geschmack von Anis „vergoldet".

Sternanis: Verwenden Sie den Sternanis im Ganzen, entfaltet sich der typische Lakritzen-Anis-Geschmack, da vor allem die Samenhülle den Geschmack verleiht.

VERWENDUNG IN DER KÜCHE

Das würzige Aroma liefern ganze Samen, die bei Bedarf frisch im Mörser zerstoßen werden.
Sparsam verwendet sind junge Anisblätter eine würzige Zutat.

Besonders gut geeignet für:

- grünen Salat
- gekochtes Gemüse
- Fischsuppen oder – eintöpfe
- Obstsalat

in Süßwaren wie:

- Kuchen
- Kleingebäck
- Weihnachtsbäckereien

aber auch in:

- Brot
- Fisch und Meeresfrüchte
- Soßen auf Tomatenbasis
- Mischung mit Nüssen und Trockenfrüchten.

Sternanis wird bei uns in Europa vor allem für Glühwein und Kompott verwendet. In Indien ist er aber auch Zutat für Gewürzmischungen und pikante Speisen. Sehr gut passt er zu Ente und Huhn. Es wird die ganze oder in Stücke gebrochene Frucht verwendet.

Ur-Großmutters Anisbogerl

österreichisch, S.56

Dopiaza Stew **Truthahngericht** ● ● ○

Zutaten

- 500g Truthahnfleisch, gewürfelt
- 4 EL Ghee
- 1kg Zwiebel, fein gewürfelt
- 4 Zehen Knoblauch, gewürfelt
- 1 große Knolle Ingwer (gleiche Menge wie die 4 Knoblauchzehen), gewürfelt
- 4 Chilischoten
- 1TL Anissamen
- 1TL Kreuzkümmelsamen
- 1TL Koriandersamen

Garam Masala Mischung, ganz:

- 1EL geschroteter Pfeffer
- 5 Kardamomkapseln
- 3 Nelken
- 1 Zimtstangen, in kl. Stücke gebrochen
- 3 Muskatblüten

- Salz
- Prise Garam Masala, gemahlen

Zubereitung

Ghee erhitzen, Chili, Anis, Kreuzkümmel und Koriandersamen kurz anrösten. Handvoll Zwiebel dazugeben und goldbraun anrösten,
Garam Masala Mischung im Ganzen dazu,
kurz mitrösten.

Fleisch, Knoblauch, Ingwer und die restlichen Zwiebel beifügen, ganz langsam anbraten. Wenn die Zwiebel glasig sind, salzen. Braten, bis das Fleisch durch ist!

Gemahlenes Garam Masala unterrühren, nicht mehr kochen.

Urgroßmutters Anisbogerln

Zutaten für 60 Stück

(in Klammer Urgroßmutters Originalzutatenmenge)

- 4 Eier Gr. M
- 240g Zucker (4 eierschwer)
- 180g Mehl (3 eierschwer)
- 1 EL Anis zum Bestreuen

Zubereitung

Eier mit Zucker schaumig rühren, Mehl unterheben. Backblech mit Trennpapier belegen. Masse mittels Dressiersack (glatte Tülle Nr4) oder mit Hilfe von zwei Teelöffeln in größeren Abständen in Form von kleinen Krapferln aufdressieren.
Mit Anis bestreuen, hell backen. Nach dem Backen noch warm mit einer Spachtel vom Blech lösen, über einen Kochlöffelstiel biegen und erkalten lassen.

Backrohrtemperatur 200 Grad
Backdauer ca 8 Minuten

TIPP
Lassen Sie das Blech im abgeschalteten Backrohr während Sie die Plätzchen einzeln entnehmen und biegen. So bleiben die Bogerln länger warm und biegsam.

Originalrezept siehe S. 300

Kraut mit Erbsen ●○○

Zutaten

- ½ Kraut
- 250g tiefgekühlte Erbsen
- 1 Zwiebel
- 1 EL Anis
- ½ EL Koriandersamen
- 1 TL geschroteter Pfeffer
- 1 EL Kurkuma
- 1 kleine Knolle Ingwer
- kleiner Bund Dill
- Ghee
- Salz nach Geschmack
- 1 mittelscharfe Chilischote

Zubereitung

Zwiebel in kleine Würfel schneiden, Kraut in große Würfel schneiden. In zerlassenen Ghee Anis und Koriandersamen leicht rösten, dann Zwiebel dazu und goldbraun anrösten. Kraut und Erbsen dazu, kurz anrösten, Salz und Pfeffer dazu. Kurkuma in 1/2 Tasse Wasser oder Suppensud auflösen, Salz hinein und ganz langsam mit dem Gemüse anrösten.
Feine Streifen Chili und Ingwer unterrühren.
Vor dem Servieren fein gehackten Dill darüber streuen.

Zitronen-Linsensuppe ●●○

Zutaten für 2 Portionen

- 175g rote Linsen, gewaschen
- 75g Rollgerste
- 1 Zwiebel, klein würfelig geschnitten
- 1 ½ l Gemüsesuppe
- 1 Paradeiser, würfelig geschnitten
- 225 ml Wasser
- 1 TL Anis
- ganz wenig fein geschnittener Ingwer
- 1 frische Dillstange, fein gehackt
- 2 große Zitronen
- 1 Prise milder Chilipulver
- Salz und Pfeffer

Zubereitung

Das Wasser zum Kochen bringen, die Rollgerste einrühren und bei wenig Hitze 20 Minuten im geschlossenen Topf ziehen lassen. Linsen in Wasser kurz abwaschen und in dreifacher Wassermenge gut aufkochen, weißen Schaum abschöpfen und 10 Minuten kochen lassen.

Währenddessen Zwiebel glasig anbraten, dann Anis, Chilipulver und Paradeiser hinein, ganz wenig Salz und kurz anrösten. Gekochte Linsen mitsamt dem Wasser dazu geben und solange kochen, bis die Linsen zerfallen, dauert ca. 15 Minuten. Gekochte Rollgerste unterrühren. Eine Zitrone auspressen, die Suppe mit Zitronensaft, Ingwer, Dill, Salz und Pfeffer pikant abschmecken, 5 Minuten ziehen lassen, nicht mehr kochen!

Auf den Tellern mit hauchdünn geschnittenen Zitronenscheiben garnieren.

Eigene Notizen und Rezepte...

ASANT

Teufelsdreck

Indischer Name: Hing
Botanischer Name: Ferula asa-foetida

Verwendungsform

Gummiharz der Wurzel

ALLGEMEIN

Teufelsdreck hatte bereits im Altertum eine große Bedeutung für die Medizin. Dank arabischer Ärzte wurde die Heilpflanze auch in Europa eingeführt. Schon die Römer verwendeten das Gummiharz zu medizinischen Zwecken und zum Würzen von Soßen und Wein. In der indischen Küche wird Asant vorallem als Speisegewürz verwendet. Die dicke Wurzel enthält ein Gummiharz, das durch das Anschneiden der Wurzel austritt. Dabei riecht es äußerst unangenehm.

NATURHEILKUNDLICHE VERWENDUNG

Innerhalb der ayurvedischen Medizin findet Asant bei Krämpfen, Gelbsucht und auch bei psychischen Erkrankungen (Hysterie) Verwendung. Asant ist einer von mehreren Bestandteilen in Flug- bzw. Hexensalben (bitte erwarten Sie sich jetzt keine näheren Details zu diesem Einsatzgebiet, Hexen liegt außerhalb meines Arbeitsbereiches) und als Räucherstoff verwendet.

Außerdem wird in der indischen Küche gerade bei Hülsenfrüchten Asant gerne verwendet um sie leichter verdaulich und weniger blähend zu machen und magenberuhigend zu wirken. Man kann ihn aber auch gegen Asthma und Keuchhusten einsetzen. Die Heilpflanze wirkt unter anderem schleimlösend. Außerdem stärkt er das Herz und fördert die Menstruation.

GESCHMACK UND AROMA

Der anfangs unangenehme schwefelartige Geruch verwandelt sich bei der Verwendung in der Küche zu dem von Zwiebeln und Knoblauch.

VERWENDUNG IN DER KÜCHE

Asant sollte sehr sparsam verwendet werden, eine Prise reicht meist aus.
Ideal für alle:

- Reisgerichte
- Fleischbrühe
- Geflügelspeisen
- Saucen und
- Fischgerichte

Aufgrund seiner verdauungsfördernden Wirkung wird das Gewürz oftmals bei blähenden Gerichten verwendet, wie z.B.:

- Hülsenfrüchten und
- Sauerkraut.

Die indische Chat Masala-Gewürzmischung enthält unter anderem Asant.

Sambhara

vegetarisch, S.67

Palak Goscht **Rindfleischgericht** • • •

Zutaten

- 500g Rindfleisch, gewürfelt
- 2 große Zwiebel, fein geschnitten
- 3 EL Ghee
- Garam Masala, ganz:
    - 2 braune Kardamomkapseln
    - 5 Nelken
    - 1 Zimtstange
    - 2 indische Lorbeerblätter (Tez Pat)
    - 1 TL Pfefferkörner, schwarz
- 1 EL Knoblauch-Ingwer-Pasta
- 1 EL Curry
- 1TL Chili
- Salz
- 1 Tasse Suppe
- 500g Spinatblätter, fein gehackt
- 2 Paradeiser, fein gewürfelt
- 2 Knoblauchzehen, fein geschnitten
- Prise Asant
- Bockshornkleeblätter
- Prise Chat Masala

Zubereitung

Rindfleisch 1 Stunde in kaltes Wasser einlegen. Zwiebel in Ghee goldbraun anbraten, abgeseihtes Fleisch mit ganzem Garam Masala unterrühren, braten, bis das Fleisch leicht braun wird. Knoblauch-Ingwer-Pasta dazugeben. Curry, Chili und Salz in Suppe auflösen, beifügen und ganz langsam kochen, bis das Fleisch ziemlich gar ist, dauert ca 1 Stunde.

In eigener Pfanne Knoblauch in etwas Ghee goldbraun anbraten, Prise Asant und Paradeiser dazu, etwas anrösten, salzen, Spinat unterrühren und kochen, bis sich das gesamte Wasser verkocht hat.
Spinat und Fleisch zusammenmischen, noch ca. 20 Minuten gemeinsam kochen lassen.
Als Garnitur Bockshornkleeblätter und Chat Masala darüber streuen.

Spinatknödel ●●○

Zutaten für 8 Knödel

- 300g passierter Spinat
- 380g Semmelwürfel
- 3 Eier
- 100 ml Milch
- 1 kleine Zwiebel, feingeschnitten
- 1 Knoblauchzehe, gequetscht
- 1 Prise Asant
- 60g Butter
- 1 TL Salz
- 40g griffiges Mehl
- Prise Muskatnuss

Zum Anrichten:
- geschmolzene Butter
- geriebener Bergkäse (oder Parmesan)

Zubereitung

Tiefkühlspinat nach Packungsbeschreibung auftauen. Butter schmelzen und Zwiebel hell anrösten, Asant kurz mitrösten, Knoblauch unterrühren. Die Eier mit der Milch, Muskatnuss und dem Spinat versprudeln und mitsamt der Zwiebelmasse dem Mehl gut unter die Semmelwürfel mengen.

20 Minuten rasten lassen. Mit feuchten Händen Knödel formen und in kochendes Salzwasser einlegen. 12- 15 Minuten schwach wallend kochen lassen.

Aus dem Wasser heben und mit geschmolzener Butter und Bergkäse anrichten.

TIPP
Ich koche Knödel am liebsten über Dampf, da sie so, auch ohne Beigabe von Mehl, nie zerfallen!

Sambhara **Indischer Karfiol** ●○○

Zutaten

- 1 mittelgroßer Karfiol
- 1 Chilischote, scharf
- ½ Paprikaschote, rot
- ½ Paprikaschote, grün
- 3 EL Zitronensaft
- 1 TL Senfkörner
- 1TL Kümmel
- 1 EL Öl
- Salz
- Pfeffer
- Asant

Zubereitung

Den Karfiol putzen und in kleine Röschen zerteilen, mit ganz wenig Stiel dran. Die Paprikaschoten putzen und in sehr feine Streifen schneiden. Den Chili ebenfalls sehr fein schneiden.

Öl erhitzen, Senfkörner und Kümmel darin 2-3 Minuten anbraten. Achtung: die Senfkörner „springen" in der Pfanne - sofort mit einem Spritzschutzsieb abdecken!

Alles Gemüse dazu geben und 4-5 Minuten mitbraten. Asant dazu geben, mit Zitronensaft, Salz und Pfeffer abschmecken.

Dazu serviert man Reis.

vegan

Süßkartoffelgericht ●●○

Zutaten

- 500g Süßkartoffeln
- ½ TL Ajowan
- Messerspitze Asant
- Ingwer
- Saft von ½ Limette (Zitrone)
- Basilikum
- 1 EL Senföl oder Rapsöl zum Anbraten
- Salz
- Pfeffer
- Hauch von mildem Chili

Zubereitung

Süßkartoffeln mit der Schale in Salzwasser weichkochen. Asant und Ajowan in Öl anrösten, abgeschälte, in Scheiben geschnittene Süßkartoffeln dazu geben und mitrösten.

Pfeffer, Salz, feingeschnittenen Ingwer und milden Chili unterrühren. Mit 1 Tasse Wasser und Limettensaft aufgießen. Solange kochen, bis es eine cremige Konsistenz bekommt.

Mit fein geschnittenem frischen Basilikum bestreuen, nicht mehr kochen.

Als Beilage kann Reis oder frisch gebackenes Fladenbrot verwendet werden.

Eigene Notizen und Rezepte...

BOCKSHORNKLEE

Griechisches Heu

Indischer Name: Methi
Botanischer Name: Trigonella foeneum graecum

Verwendungsform

Samen: frisch, gekeimt, getrocknet, zerstoßen, gemahlen;

Blätter: getrocknet, nur sehr junge Blätter frisch

ALLGEMEIN

Bochshornklee bedeutet übersetzt „griechisches Heu", weil hier an seine bedeutende Rolle in Indien als Viehfutter angespielt wird. Er wurde von den Ägyptern als Räucherwerk und zum Einbalsamieren verwendet. Bei uns wurde Bockshornklee schon im Mittelalter häufig genutzt. So wird die Pflanze zum Beispiel auch von der heiligen Hildegard von Bingen erwähnt.

Die Römer bauten ihn als Viehfutter an, wofür er auch heute in Indien noch unter anderem verwendet wird. Da er viel Eiweiß, Mineralien und Vitamine enthält, ist er in den ärmeren Regionen Indiens eine wichtige Zutat für Linsen- und Gemüsegerichte.

NATURHEILKUNDLICHE VERWENDUNG

Bockshornklee wurde von etlichen Wissenschaftlern untersucht. Heute weiß man, dank des Lungenspezialisten Mignot, dass er nicht nur wie Lebertran wirkt, sondern auch ein Ferment enthält, das den Stoffwechsel anregt. Außerdem weist er eine Menge Phosphor auf. Diese Verbindung macht ihn zu einem wirksamen Stärkungsmittel. Bockshornklee weckt den Appetit, bringt verlorene Kilos zurück, damit auch Kraft und Energie sowie Lebensfreude.
Seit Jahrhunderten wurde Bockshornklee im Orient von Menschen genommen, die Gewicht zunehmen wollten.
Bockshornklee wird auch in Stilltees verwendet zur Förderung der Milchbildung. Wegen seines hohen Eisengehaltes wird er auch bei Anämie empfohlen. In der ayurvedischen Heilkunde wird er bei Schwäche oder Stress eingesetzt. Er wirkt nervenstärkend, verjüngend, unterstützt Heilungsprozesse, ist gut bei Husten und Bronchitis. Hilft bei Leber- und Milzbeschwerden. Er macht den Stuhl geschmeidig, wirkt leicht abführend. Unterstützt äußerlich als Paste die Wundheilung, auch bei Abszessen und Furunkeln.

GESCHMACK UND AROMA

Bockshornklee ist so aromatisch, dass die ganze Pflanze einen stark würzigen Duft verströmt. Die rohen Samen haben jedoch einen unangenehm bitteren Geschmack und sollten deshalb vor der Verwendung ohne Öl leicht geröstet werden, am besten in einer schweren gusseisernen Pfanne.

VERWENDUNG IN DER KÜCHE

Bockshornklee wird für Gewürzmischungen und Speisen meist gemahlen, weil seine Samen sehr hart sind.

Samen: für alle

- indischen Currygerichte
- Eintöpfe
- in manchen Käsesorten

zum Bestreuen von:

- gebratenen Gerichten

Keimlinge: für

- Salate

Blätter: über

- gekochtes Wurzelgemüse

Riazat Khan´s Panch Puram Gewürzmischung:

2 EL Kreuzkümmel
2 EL Ajowanfrüchte
2 EL schwarze Kümmel
2 EL Bockshornkleesamen
2 EL Fenchelfrüchte
Alle Zutaten mischen und vor der Verwendung in Öl anrösten.

Brokkoli- Speck- Auflau

vegetarisch, S.46

Fischfilets in Bockshornkleesauce ●●○

Zutaten für 4 Personen

- 8 Schollenfilets (insgesamt etwa 600 g)

auch fein:
- Seezungenfilets
- dünne Zanderfilets

- Salz
- 2 Zwiebeln
- 1 Stück frischer Ingwer (etwa 4 cm)
- 12 EL Sonnenblumenöl
- 1/2 TL Bockshornkleesamen
- 200 g Joghurt
- 2 TL gemahlener Koriander
- 1 TL gemahlener Kreuzkümmel
- 1/2 TL Kurkuma
- 1/2 TL Chilipulver
- 1 EL getrocknete Bockshornkleeblätter
- Prise Garam Masala

Zubereitung

Die Fischfilets trockentupfen und mit etwas Salz bestreuen. Die Zwiebeln und den Ingwer schälen, grob zerschneiden und mit dem Pürierstab oder in der Küchenmaschine so fein wie möglich pürieren. Öl bei mittlerer Hitze in einer Pfanne heiß werden lassen und die Bockshornkleesamen reinstreuen. Die Samen im Öl rösten, bis sie rötlich-dunkelbraun sind. Dann die Samen mit einem Holzlöffel aus der Pfanne fischen und wegwerfen.

Die Hitze runterschalten. Das Zwiebelpüree in die Pfanne geben und unter Rühren 5-10 Minuten braten. Joghurt, alle gemahlenen Gewürze und fein zerriebene Bockshornkleeblätter untermischen. Ein paar Löffel Wasser dazugeben, gut verrühren, etwa 5 Minuten köcheln lassen. Zum Schluss Garam Masala unterrühren. Jedes Fischfilet mit einer Hälfte in die Sauce legen, etwas Sauce darüber löffeln, dann die andere Hälfte darüber klappen und ebenfalls Sauce drüber löffeln. Einen Deckel auf die Pfanne legen und die Fischfilets bei kleinster Hitze in 5-7 Minuten gar ziehen lassen.

Brokkoli-Speck-Auflauf ●●○

Zutaten

- 1 Brokkoli
- 4 Erdäpfel, geschält, in Scheiben geschnitten
- 150g Hamburgerspeck, dünn aufgeschnitten
- 100g Schinken, in Streifen geschnitten
- ¼ l Sauerrahm
- 2 Dotter
- ½ TL Bockshornkleepulver
- 3 Kardamomkapseln
- Muskatnuss
- Salz
- Pfeffer
- 100g Emmentaler, gerieben

Zubereitung

Brokkoli in Röschen zerteilen und mit Erdäpfel in einem Topf knapp mit Salzwasser bedecken und ein wenig Muskatnuss darüber reiben. Zum Kochen bringen und 5 Minuten köcheln lassen. Danach Wasser abseihen.

Auflaufform mit Speck auslegen, die Scheiben sollen sich leicht überlappen. Brokkoli und Erdäpfel in die Form legen. Schinken darauf verteilen. Die Samen aus den Kardamomkapseln lösen und gemeinsam mit den Bockshornkleesamen im Mörser zermahlen. Da die Samen sehr hart sind, genügt es, wenn sie leicht zerdrückt sind. Die Samen kurz in einer heißen Pfanne ohne Öl anrösten.

Sauerrahm mit Dotter, Bockshornkleepulver, Salz und Pfeffer versprudeln und nun in die Form gießen. Käse darüber streuen und im vorgeheizten Rohr bei 200Grad ca. 20 Minuten überbacken.

Eggs Potato Curry **Ei-Erdäpfelgericht** ● ○ ○

Zutaten

- 6 Eier, 4 ½ Minuten gekocht
- 2 Erdäpfel, gewürfelt
- 1 Zwiebel, feingeschnitten
- 4 getrocknete Chilischoten
- ½ TL Panch Puram
- ½ Dosen Paradeiser, gewürfelt
- 1 TL Curry
- 1 Tl Paprika
- 1 Knolle Ingwer, fein geschnitten
- 1 Tasse Gemüsesuppe
- Salz
- ½ Zitrone
- 1TL Chat Masala
- 1 TL Bockshornkleeblätter

Zubereitung

Geschälte Eier im Ghee goldbraun braten, herausnehmen. Im verbliebenen Fett Zwiebel zusammen mit Chili und Panch Puram goldbraun anrösten. Dann Kartoffeln dazu und ebenfalls braun anrösten. Paradeiser, Curry, Paprika, Gemüsesuppe und Salz beifügen und 10 Minuten kochen.

Eier unterheben und als Abschluss mit Zitronensaft, Bockshornkleeblätter, Chat Masala und Ingwer abschmecken.

Gebratener Karfiol mit Bockshornklee ●○○

Zutaten

für 4 Personen als Beilage
oder für 2 Personen als Hauptspeise

- 1 Karfiol, in Röschen zerteilt
- 3 Knoblauchzehen, in Scheiben geschnitten
- 1 Tl Bockshornkleesamen
- 1 Chilischote, rot, getrocknet, zerbröselt
- 3 EL Öl
- ½ TL Salz

Zubereitung

Öl in einer tiefen gusseisernen Pfanne, einem Kadhai oder Wok bei hoher Temperatur erhitzen. Knoblauch, Bockshornkleesamen und Chili kurz anbraten, die Karfiolröschen dazugeben und leicht anbraten. Dann die Temperatur reduzieren und den Deckel auflegen. 15 min ohne Flüssigkeitszugabe garen lassen, dabei gelegentlich umrühren.

Dazu passen Chutney oder Pickels und indisches Fladenbrot.

Eigene Notizen und Rezepte...

CHILI

Gottesgeschenk an die Armen

Indischer Name: Mirchi
Botanischer Name: Capiscum frutescens

Verwendungsform

Frisch: unreif (grün), reif (gelb und rot)

Getrocknet: ganz, zerstoßen, gemahlen

ALLGEMEIN

Eines der wichtigsten Gewürze in der asiatischen Küche ist Chili. Chili ist ein uraltes, indisches Gewürz. Die Mahabharatkrieger haben vor 5.000 Jahren Chili mitgenommen und es für die Blutstillung sowie als Wundheil- und Desinfektionsmittel benutzt. Laut Überlieferung wurde Alexander der Große bei einer Verwundung von ayurvedischen Ärzten mit dem Heilmittel Chili behandelt. Irrtümlicher Weise glaubt man, die Spanier hätten dieses Gewürz aus Südamerika mitgebracht, aber es waren wohl die Zigeuner, die aus ihrer indischen Heimat im 12. Jahrhundert durch den Mongolen Dschingis Khan und seine Nachfolger vertrieben wurden. Sie waren ein Reitervolk und verstreuten sich auf der ganzen Welt, so auch in Europa. Ihre Urheimat war wahrscheinlich Rajasthan (Sindh). Hier ist auch die Heimat des Chilis. Chili kann man überall anbauen, aber dieses Gewürz verliert im kälteren Klima seine Schärfe.

NATURHEILKUNDLICHE VERWENDUNG

Eine kleine Menge Chili ist magenfreundlich. Chili hilft fette Speisen schnell und besser zu verdauen. Die grüne Schote enthält viel Vitamin C. Chili ist ein Gottesgeschenk für die Armen, sagen die Ayurvediker. Die im Chili enthaltenen Capsaicinoide weiten die Poren, um das körpereigene Kühlsystem zu aktivieren. Seit Jahrhunderten wird es auch als Einreibemittel bei Muskel- und Gelenkschmerzen empfohlen. Die Mayas behandelten mit Chilischoten Asthma, Husten und Halsschmerzen. In der modernen Schulmedizin ist Chili ein Bestandteil in schmerzlindernden Salben.

Ist Ihnen übrigens schon einmal aufgefallen, dass das Essen umso schärfer zubereitet wird, je näher man sich dem Äquator nähert? Das hat damit zu tun, dass diese scharfen Stoffe, hier eben Chili, Krankheitserreger abtöten, die sich in warmen Gegenden leichter vermehren als z.B. bei uns. Aber auch der Stoffwechsel und die Verdauung werden von diesen Stoffen angeregt. Ayurvedische Bedeutung: speichert viel Sonnenenergie, wirkt daher sehr erhitzend, regt Verdauung und Kreislauf an.

Vorsicht: zu große Mengen können die Magenschleimhaut reizen und diesbezügliche Beschwerden hervorrufen.

GESCHMACK UND AROMA

Das scharfe Aroma wird durch Capsaicin hervorgerufen. Die Schärfe soll nicht nur in den Samen sondern auch in den weißen Scheidewänden sitzen, daher immer Samen und Scheidewände entfernen. Bei scharfen Sorten dafür am besten Plastikhandschuhe verwenden und jeden Kontakt mit Augen, Nase und Lippen dabei vermeiden. Nach dem Anfassen eines Chilis unbedingt die Hände GRÜNDLICH (wirklich gründlich) waschen!

VERWENDUNG IN DER KÜCHE

Passt sehr gut zu:

- Frischen Soßen auf Paradeiserbasis
- Zwiebeln
- Avocados
- Bohnen und Linsen
- Fleischeintöpfe
- Mais
- Geflügel, Fisch, Meeresfrüchte.

Je länger eine Chilischote gegart wird, umso schärfer wird sie. Kurz gegart aber, wie bei einem Pfannengericht, verleiht sie einem Gericht Aroma und eine feine Würze. Kleingehackt sorgen Chilis für gleichmäßige Schärfe; größere Stücke sollten vor dem Servieren entfernt werden.

Wiener Fiakergulasch

österreichisch, S.86

Aloomethi **Dillerdäpfel** ●●○

Zutaten

- 4 Schoten milder roter Chili
- 1 daumengroßer Ingwer
- 2 Zehen Knoblauch
- 500g Erdäpfel
- 1 gr. Bund Dill
- Handvoll getrocknete Bockshornkleeblätter
- 2 grüne Chili
- Salz
- Pfeffer

Zubereitung

Erdäpfel schälen, in Scheiben schneiden und in kaltes Wasser einlegen. Knoblauch in feine Scheiben schneiden und in 3 EL Butterschmalz anrösten, wenn er goldbraun ist, dann die roten Chilischoten im Ganzen mitrösten, bis sie braun werden. Erdäpfel aus Wasser nehmen und mitrösten. Salz, Chili und ganz fein gehackten Dill mit Bockshornklee dazu, zudecken und langsam weiterkochen, bis Erdäpfel weich sind.

Als Beilage zu Fleischgerichten ideal.

Wiener Fiakergulasch ...

Zutaten

- 800g Rindfleisch (Wadschinken), gewürfelt
- 800g Zwiebel
- 100g Schweinschmalz
- 3 EL mildes Paprikapulver
- 2 Zehen Knoblauch, gepresst
- 6 Schoten roter milder Chili
- Spritzer Essig
- 1 EL Tomatenmark
- Prise Kümmelpulver
- Prise Majoran, getrocknet
- Salz

Pro Person:

- 1 Spiegelei
- 1 Essiggurkerl, fächrig geschnitten
- 1 kleines Frankfurter Würstchen

Zubereitung

Fein geschnittenen Zwiebel in Schmalz dunkel anrösten, Chili dazu und anrösten, bis sie braun werden. Knoblauch und Salz unterrühren, Paprikapulver dazugeben, sofort mit Essig ablöschen und ca ½ l Wasser beigeben, 15 Minuten zugedeckt auf kleiner Flamme dünsten und mit Stabmixer pürieren (vorher die Chilischoten entfernen).

Fleisch, Kümmelpulver, Tomatenmark und Majoran unter die Zwiebelmasse rühren, 2-3 Stunden zugedeckt langsam dünsten. Bei Bedarf Wasser nachgießen.

Das klassische Wiener Fiakergulasch wird mit Spiegelei, Essiggurkerl und Frankfurter Würstchen serviert.

Schwarzwurzel-Gemüse ●●○

Zutaten

- 1 Frühlingszwiebel,
- ½ Brokkoli
- ½ Karfiol
- 2 Stk. Schwarzwurzel
- Salz
- Pfeffer
- Petersilie
- 3 EL Butterschmalz
- 3 Chilischoten, rot und mild

Zubereitung

Frühlingszwiebel mitsamt dem Grün in feine Würfel schneiden. Schwarzwurzeln schälen und in Wasser halbdurch kochen, in Scheiben schneiden. Brokkoli und Karfiol in kleine Knollen teilen. Zwiebel in Butterschmalz goldbraun anrösten, Chilischoten mitrösten, bis sie braun sind. Das gesamte Gemüse dazugeben, Hitze reduzieren, Salz, Pfeffer würzen. Zudecken und kochen, bis die Flüssigkeit fast zur Gänze reduziert ist. Gehackte Petersilie darüber streuen.

Beilage dazu: mehlige Butterkartoffeln.

Kürbisgericht ●○○

5000 Jahre altes Rezept

Zutaten

- 400g Kürbis
- Senföl
- Bockshornkleesamen
- Kreuzkümmel
- Schwarzer Kümmel
- 2 Chilischoten
- 2 Tl Mangopulver oder frische Mango
- Ingwerscheiben
- Salz nach Geschmack
- 3 TL Kurkuma oder Currypulver

Zubereitung

Kürbis mit der Schale in Scheiben schneiden und in Senföl von beiden Seiten anbraten. Dann Bockshornklee, Kreuzkümmel, schwarzen Kümmel, Chilischoten dazu und goldfarbig anrösten. Curry (oder Kurkuma) in einer Tasse Wasser auflösen, Ingwerscheiben und Mangopulver, bzw Mangoscheiben dazugeben. Auf minimaler Hitze zugedeckt 10 Minuten köcheln.

Beilage: Reis oder Chapati

Eigene Notizen und Rezepte...

CURRY

Die unverzichtbare Gewürzmischung

Verwendungsform

Das Pulver gibt es in verschiedenen Mischungen und Farbnuancen.

ALLGEMEIN

Curry ist eine Gewürzmischung, die aus fünf bis 32 verschiedenen Gewürzen, jedoch immer aus Kreuzkümmel, Koriander, Ingwer, Kurkuma und Pfeffer besteht. Es gibt mehr als 100 Sorten davon und es ist keine mit der anderen zu vergleichen. In der ganzen Welt verwendet man inzwischen Currygewürze. Das Wort leitet sich vom tamilischen Wort „karhi" ab, das alle indischen Gerichte in einer Soße so bezeichnet.

Dafür wurde anfangs nur KurKuma, Ingwer, Kreuzkümmel, Chili und Bockshornklee mit Joghurt und Linsenmehl gemischt, das sogenannte indischen Kadhri (siehe indisches Rezept bei Kreuzkümmel). Als im 17. Jahrhundert Indien durch die Engländern besetzt wurde, sahen sie, dass die Inder hauptsächlich Gerichte in einer würzigen Soße aßen, eben diese Currys (Kadhris). Dieses Wort wurde aber falsch interpretiert und irrtümlich auf die Gewürzmischung angewandt, die bei der Zubereitung dieser Gerichte Verwendung fand. 1947 mussten die Engländer Indien verlassen, nahmen aber zwei wichtige Curry-Mischungen mit nach England. Dadurch wurde Curry ab 1950 in ganz Europa bekannt.

NATURHEILKUNDLICHE VERWENDUNG

Da sich Curry je nach Region aus unterschiedlichen Gewürzen zusammensetzt, entfällt hier eine Beschreibung über dessen Wirkung.

GESCHMACK UND AROMA

Jedes Land hat im Laufe der Zeit nach eigener Geschmacksrichtung sein eigenes Curry kreiert. Mischungen aus dem heißen Süden beinhalten mehr scharfen Chili, aus kühleren nördlichen Regionen mehr aromatisch-warme Zutaten.

VERWENDUNG IN DER KÜCHE

In Indien und anderen asiatischen Ländern werden Mischungen mit den jeweils für die Region und das Klima typischen Gewürzen zubereitet. In Indien wird Curry vor der Verwendung immer in etwas Suppe oder Wasser anrühren.

Riazat Khan´s Currymischung:

6 getrocknete Chilischoten
8 EL Koriandersamen
4 EL Kreuzkümmel
3 Tl schwarze Pfefferkörner
2 EL Kurkuma
1 EL Ingwerpulver
2 braune Kardamomkapseln
2-3 getrocknete Curryblätter
Alle Zutaten außer Kurkuma und Ingwerpulver in einem Mixer fein mahlen und dann mit Kurkuma und Ingwer mischen.

Sabzi Jhalfrezi

vegetarisch, S.97

Punjabi Curry **Lammfleischgericht** ●●●

Zutaten

- ½ kg Lammfleisch, gewürfelt
- 2 Zwiebel, feingeschnitten
- 4 Knoblauchzehen, Scheiben schneiden
- 1 Knolle Ingwer, in Streifen geschnitten
- 1 EL Curry
- 1 Tasse Hühnersuppe
- 2 große Paradeiser, würfelig geschnitten
- 1 EL Bockshornkleeblätter
- 2 grüne Chili, feingehackt
- 1 Bund Koriander
- 1 TL Garam Masala
- Saft von ½ Zitrone
- 3 EL Ghee
- Salz
- Pfeffer

Zubereitung

Fleisch mind. 1 Stunde in kaltem Wasser einlegen. Ghee erhitzen, Fleisch, Zwiebel und Knoblauch gut rösten, bis das Fleisch an Farbe verloren hat. Dann Curry in Hühnersuppe auflösen und unterrühren. Salzen, pfeffern, Topf zudecken. Auf Mittelstufe kochen, öfters umrühren.

Paradeiser, Chili und Ingwer beifügen und weiterkochen, bis das Fleisch weich ist, dauert ca ½ Stunde.
Zitronensaft, Bockshornkleeblätter und Koriander dazu, kurz aufkochen. Vor dem Servieren mit Garam Masala abschmecken.

Kalbsgeschnetzeltes mit Äpfel ●●○

Zutaten

- 500g Kalbsfleisch
- 1 EL Öl
- 3 EL Currypulver
- 4 EL Rapsöl
- 2 Zwiebeln, grob gewürfelt
- 250g säuerliche Äpfel
- 3 EL Öl
- 20g Butter
- 1/8l Schlagobers (oder Kokosmilch)
- 1/8 l Hühnersuppe
- Chilipulver
- 4 EL Petersilie, grob gehackt
- Salz
- Pfeffer

Zubereitung

Kalbfleisch in ca. 3 cm große Würfel schneiden und in eine Schüssel geben. Das Currypulver, Salz und Pfeffer mit 1 EL Öl vermischen, unter das Fleisch rühren und ca. 15 Minuten rasten lassen. Die Äpfel entkernen und in kleine Würfel schneiden.

Das Öl erhitzen und das Fleisch in kleinen Portionen rundum anbraten und jeweils aus der Pfanne nehmen. Butter in den Bratenrückstand geben, aufschäumen lassen. Die Apfelstücke darin anbraten, den Zwiebel zugeben und kurz durchrösten. Mit Obers aufgießen, einmal aufkochen lassen, mit Suppe aufgießen und 3 Minuten köcheln lassen.

Fleisch zugeben und bei Mittelhitze 15 – 20 Minuten in der Soße schmoren lassen. Mit Salz abschmecken, eventuell mit Chili für mehr Schärfe nachwürzen.

Zum Servieren mit Petersilie bestreuen.

Sabzi Jhalfrezi **Melanzani-Zucchinigericht**

●●○

Zutaten

- ½ Zwiebel
- Je 1 grüner, roter und gelber Paprika
- 1 Melanzani
- 1 Jungzwiebel
- 1 Zucchini
- 2 Paradeiser, gewürfelt
- Zuckererbsenschoten
- 2 rote Chili, getrocknet
- 2-3 Essiggurkerl, in Scheiben geschnitten
- 1 TL Panch Puran
- 3 EL Ghee
- Salz
- Pfeffer
- 1 TL Curry
- ½ Tasse Suppe
- 1TL Chat Masala
- 1 kleine Ingwerknolle, fein geschnitten
- Saft von ½ Zitrone
- Pfefferminzblätter

Zubereitung

½ Zwiebel achteln und die Lagen zerteilen, Gemüse in größere Würfel schneiden. Panch Puran 2-3 Minuten in Ghee anbraten, Chili dazu und kurz mitrösten, gewürfelten Zwiebel, Jungzwiebel und Paprika dazu und kurz anrösten. Dann das gesamte Gemüse dazu, außer Melanzani und Paradeiser, und kochen, bis sich die Flüssigkeit verkocht hat. Curry in ½ Tasse Suppe auflösen.

Geschroteten Pfeffer, Salz und Curry dazugeben, dann Melanzani und Paradeiser, sowie fein gehackte Gurkerl und die halbe Menge Ingwer beifügen. 5 Minuten köcheln lassen.
Chat Masala, restlichen Ingwer und Zitronensaft unterrühren, nicht mehr aufkochen. Nach dem Anrichten mit Pfefferminzblättern garnieren.

Linsen-Sesam-Laibchen ●○○

Zutaten

- 150g Linsen aus der Dose
- 250g mehlige Erdäpfel
- 1 Stange Lauch
- 2 EL Sesam, geschält
- 50g feine Haferflocken
- 4 EL Mehl
- 1 TL Currypulver
- 200g Sojajoghurt
- 2 EL Soja- oder Hafersahne
- 2 EL Zitronensaft
- ½ Bund Schnittlauch
- Salz
- Pfeffer

Zubereitung

Den Lauch der Länge nach aufschneiden und waschen, die weißen und hellgrünen Teile in feine Streifen schneiden. 1 EL Öl erhitzen und den Lauch darin ca. 5 Minuten dünsten. Die Erdäpfel schälen und fein reiben. Die Linsen in einem Sieb abtropfen lassen.

Linsen, Lauch, Erdäpfel, Sesam, Haferflocken und Mehl in einer Schüssel gut mischen. Mit Curry, Salz, Pfeffer kräftig würzen. Mit feuchten Händen aus dieser Masse acht Laibchen formen.

In einer großen beschichteten Pfanne das restliche Öl erhitzen und die Laibchen bei mittlerer Hitze von jeder Seite ca. 4 Minuten braten. Auf Küchenpapier abtropfen lassen. Für die Schnittlauchsoße das Sojajoghurt mit Sahne verrühren, mit Salz, Pfeffer und Zitronensaft abschmecken und den feingeschnittenen Schnittlauch unterrühren.

Eigene Notizen und Rezepte...

FENCHEL

Arzneipflanze des Jahres 2009

Indischer Name: Saunf
Botanischer Name: Foeniculum vulgare

Verwendungsform

Frische Blätter: ganz oder gehackt

Früchte: getrocknet

Knollen als Gemüse

ALLGEMEIN

Fenchel ist eine seit Jahrhunderten beliebte Heilpflanze und ist Kräutersammlern und Ärzten seit ewigen Zeiten bekannt. In Indien, dem alten China und Ägypten, sowie später bei den Römern und Griechen wurde Fenchel hochgeschätzt. Sehr gut wächst er auch im Mittelmeerraum, da er viel Wärme und kalkreiche Böden liebt.

NATURHEILKUNDLICHE VERWENDUNG

Fenchel ist nicht nur ein Gemüse für die Küche oder ein Gewürz, er ist auch eine Heilpflanze, die man schon im Altertum kannte. Die heilige Hildegard von Bingen verwendete ihn zum Beispiel schon bei Melancholie, heute Depression genannt. In Indien werden Fenchelfrüchte nach fast jedem Essen in kleinen Mengen als Verdauungshilfe gegessen. Ayurvedische Bedeutung: Fenchel stärkt die Verdauung, reduziert Blähungen, hilft bei Darmkrämpfen. Er wirkt nervenberuhigend, harntreibend, sowie schlaffördernd.

GESCHMACK UND AROMA

Fenchel hat einen süß-aromatischen Duft und bietet eine starke Süße sowie durch seinen würzigen Abgang ein mentholig-frisches Geschmackserlebnis, das auch leicht an Lakritzen erinnert. Tipp: Vor der Verwendung ist es empfehlenswert, die Samen in einer beschichteten Pfanne ohne Fett zu rösten, um sie danach im Mörser zu zerstoßen. So kommt das Aroma am besten zur Geltung.

VERWENDUNG IN DER KÜCHE

Fenchel verleiht Brot und Gebäck einen unverwechselbaren Geschmack, ein Bauernbrot ohne Fenchel ist kaum vorstellbar. Die Kombination mit fettem Fisch wie Lachs, Makrele oder Hering und frischem Limetten- oder Zitronensaft, ergibt einen wunderbaren italienischen Geschmack. Fisch und Meeresgerichte erhalten durch den Fenchel eine lebhafte Note. Mit den zerstoßenen Samen lassen sich im Sommer leckere Salatdressings kreieren, im Winter passen sie fein zu wärmenden Lammfleischgerichten. Fenchelsamen finden sich aber genauso in diversen Currymischungen. Die Samen lassen sich auch keimen - die Keimlinge peppen jeden grünen Salat auf.

Couscous- Salat

vegan: S.108

Kashmiri Forellen Masala ●●○

Zutaten

- 4 Forellen
- 2 EL Knoblauch-Ingwerpaste
- Salz
- 1 Prise Garam Masala
- Saft von ½ Zitrone
- Kichererbsenmehl
- 2 Zwiebel, gewürfelt
- 1 TL Fenchelsamen
- 1 TL mildes Chilipulver
- ½ TL Fenchelpulver
- 1 TL Koriander gemahlen
- ½ TL schwarzer Pfeffer, geschrotet
- 2 EL Joghurt
- 1 Bund Dill, fein geschnitten
- 1 Tasse Gemüsesuppe

Zubereitung

Forellenfilets mit Knoblauch-Ingwerpaste, Salz, Garam Masala und Zitronensaft bestreichen und ½ Stunde kaltstellen. Forellen leicht mit Kichererbsenmehl bestäuben und in Ghee rasch anbraten, herausheben.

Im selben Fett Zwiebel und Fenchelsamen goldbraun anrösten, geschroteten Pfeffer dazu. Chili, Fenchelpulver und Koriander in Suppe auflösen, dazugießen und langsam kochen, bis Öl an die Oberfläche steigt. Dann Joghurt dazu und gemeinsam die Forellenfilets hinein. 5 Minuten ganz langsam köcheln, Filets ab und zu wenden. Auf Teller anrichten und mit 1 Prise Garam Masala und Dill bestreuen.

Beilage: in Kaschmir wird viel Basmatireis gegessen.

Gefüllte Krautrouladen •••

Zutaten

- 8 große Krautblätter
- 1 große Zwiebel
- 3 Knoblauchzehen, feingehackt
- 300g Faschiertes
- 3 Lorbeerblätter
- 2 Fenchelknollen, klein würfelig schneiden
- 2 gewürfelte grüne Paprika, klein würfelig schneiden
- 1 kleine Tasse Erbsen
- 1 TL mittelscharfes Paprikapulver
- 1 TL Fenchelsamen
- Salz
- geschroteter Pfeffer
- fein geschnittene Petersilie

Zubereitung

Krautblätter blanchieren. Zwiebel und Knoblauch kurz anrösten, Fenchelsamen, Pfeffer dazu. Faschiertes beifügen und rösten, bis es Wasser und Farbe verloren hat. Gemüse mit Salz und Lorbeer dazu, langsam kochen, bis Gemüse gar ist und gesamte Flüssigkeit verkocht ist. Gehackte Petersilie nach Geschmack unterrühren.

Fülle erkalten lassen. Fülle auf Krautblätter verteilen, eng zusammenrollen und in eine feuerfeste Schüssel legen. Mit zerlassenem Butterschmalz bestreichen und im Ofen max. 10 Minuten bei 180 Grad Ober-Unterhitze braten, bis sie oben eine goldbraune Farbe bekommen.

Beilage: Erdäpfelpüree oder Polenta

Baby Vegetable Masala

Gemüsegericht ●○○

Zutaten

- 5 Schalotten
- 5 Kohlsprossen
- 5 kleine Erdäpfel mit Schale
- 5 Babykarotten
- 5 Zucchinikugeln, in Walnussgröße
- 5 Kohlrabikugeln, in Walnussgröße
- 1 Tasse Kichererbsen aus der Dose
- 5 Babyparadeiser
- 1 TL Fenchelsamen
- 2 Knoblauchzehen, fein geschnitten
- 1 Knolle Ingwer, in Streifen geschnitten
- 2 grüne Chili, fein gehackt
- 1 TL Curry
- 1 Tasse Suppe
- 1 Bund Dill
- Salz
- 1TL Limettensaft

Zubereitung

In einer Pfanne Ghee erhitzen, Fenchel und Knoblauch goldbraun anbraten. Das gesamte Gemüse zufügen und kurz rösten.

Salz, Curry in Suppe auflösen, unter das Gemüse rühren und zugedeckt köcheln lassen, bis das Gemüse gar ist. Ingwer, grünen Chili und Limettensaft unterrühren.

Mit Dill abschmecken.

Couscous- Salat ●○○

Zutaten

- 1 Zwiebel, rot
- 1 gelber Paprika
- ½ rote Chilischote
- 3 eingelegte getrocknete Paradeiser
- 2 Avocados
- 200g Couscous
- 3 EL Olivenöl
- Salz
- Schwarzer Pfeffer, frisch gemahlen
- Prise Fenchel, gemahlen
- 2 EL Pinienkörner
- 200g Wasser, leicht gesalzen
- Zitronensaft

Zubereitung

Couscous nach Packungsbeschreibung zubereiten. Pinienkerne ohne Fett in Pfanne anrösten. Zwiebel schälen und fein hacken. Paprika in kleine Würfel schneiden, Chilischoten entkernen und in dünne Scheiben schneiden. Die getrockneten Paradeiser abtropfen lassen und in kleine Würfel schneiden.

Avocados halbieren, schälen und entkernen, das Fruchtfleisch in kleine Würfel schneiden. Couscous mit Gemüse und Pinienkernen mischen und mit Olivenöl, Salz, Pfeffer, Fenchel und Spritzer Zitronensaft abschmecken.

TIPP
Eventuell gekeimte Fenchelsamen unterrühren.

Eigene Notizen und Rezepte...

GARAM MASALA

Juwel der Gewürze

Verwendungsform

Die unzerkleinerten Zutaten werden üblicherweise zunächst trocken in einer Pfanne geröstet, damit die ätherischen Öle und Geschmacksstoffe freigesetzt werden und nach Abkühlung anschließend im Mörser zerstoßen oder in einer Gewürzmühle gemahlen. Garam Masala kann aber auch unzerkleinert mit ganzen Gewürzen zum Kochen verwendet werden. Die Mischung ist gut verschlossen mehrere Monate haltbar.

ALLGEMEIN

Garam Masala, das Juwel der Gewürze, wurde früher in Gold aufgewogen und war nur am königlichen Hof und an Palästen bekannt. Sein alter Name bedeutete „Schwarzes Gold“. Die Mischung wurde geheim gehalten und galt so als Mangelware und sehr teuer. Garam Masala wurde als altes Geheimrezept nur von Familie zu Familie weitergegeben.

Es galt als Geheimtipp für immerwährende Potenz. Es gilt auch heute noch in Indien als Zutat der gehobenen indischen Küche, als ein Muss, welches den Gerichten Vollkommenheit verleiht. Es besteht aus einer Mischung von Kardamom, Nelken, Zimt, Lorbeer, Piment, Muskatnuss, Pfeffer, Kreuzkümmel, Anis, Sternanis und Muskatblüten.

NATURHEILKUNDLICHE VERWENDUNG

Die Wirkung von Garam Masala gilt nicht nur als geschmacksverbessernd, sondern auch als gesundheitsfördernd. Die traditionellen Mischungen enthalten Gewürze, die nach der ayurvedischen Heilkunde den Körper und die inneren Organe erhitzen. Man sagte, es würde die Hormone erhitzen und die sexuelle Energie steigern. Garam Masala besitzt eine aphrodisierende Wirkung, weshalb es bei Adeligen als Potenzmittel verwendet wurde.

GESCHMACK UND AROMA

Der orientalisch-würzige Kreuzkümmel dominiert die Garam Masala Gewürzmischung bereits im Duft. Im Geschmack jedoch findet man ebenso feine Nuancen von Zitrone kombiniert mit milder pfeffriger Schärfe.

VERWENDUNG IN DER KÜCHE

Eine Prise Garam Masala wird als Geschmacksverstärker als letzte Zugabe in eine Speise gegeben und rundete so das Essen ab. Die beste Curryspeise gilt ohne Garam Masala nur als halber Curry.

Passt perfekt zu allen

- Fleischgerichten
- Linsen
- Kichererbsen
- Gemüse- und Reisgerichten

Wenn Sie Garam Masala selbst herstellen wollen, dann mischen Sie:

4 braune Kardamomkapseln
6 grüne Kardamomkapseln
4 EL Kreuzkümmelsamen
10 ganze Gewürznelken
2 EL bunte Pfefferkörner
1 Zimtstange, in kleine Stücke gebrochen
2 Stück Muskatblüten
½ TL gemahlene Muskatnuss
3 Lorbeerblätter (Tejpat – indischer Lorbeer)
10 Cubebenpfefferkörner
5 Stk Piment
1 TL Ingwerpulver

Shahi Panir

vegetarisch, S.117

Beef Masala Curry •••

Zutaten

- ½ kg Gulaschfleisch
- ½ kg Zwiebel in dünne Scheiben geschnitten
- 2 EL Butterschmalz (Ghee)
- ½ TL Garam Masala
- 3 Zehen Knoblauch, fein gehackt
- 1 kleine Ingwerknolle, fein gehackt
- Prise Salz
- Prise Koriander gemahlen
- Prise Kreuzkümmel
- Prise Chili
- ¼ TL Paprikapulver
- ¼ TL Pfeffer
- ½ TL Salz
- ½ TL Kurkuma
- 2 Paradeiser, würfelig geschnitten
- 2 EL Jogurt
- 1 Prise Garam Masala

Zubereitung

Zwiebel und Garam Masala in Butterschmalz goldbraun rösten, dann das würfelig geschnittene Fleisch dazugeben und mitrösten.

In einer kleinen Schüssel mit ¼ l Wasser die Gewürze mit Ingwer und Knoblauch anrühren und dem gerösteten Fleisch beifügen, kochen, bis die Flüssigkeit so reduziert ist, dass sich das Wasser vom Fett trennt.

Dann die Paradeiser dazu und kurz weiterkochen. Das Fleisch entnehmen und die Soße fein mixen, das Fleisch wieder zufügen und fertig dünsten, ca. ¾ Stunde. Zum Schluss das Joghurt und 1 Prise Garam Masala einrühren.

Feuriges Beeftatar ●○○

Zutaten

- 600 g Rinderfilet

Marinade:

- 2 TL Garam Masala
- 1 Knoblauchzehe (fein gehackt)
- 5 Stück Kapern (fein gehackt)
- 50 g Lauch (fein gehackt)
- 1 EL Petersilie (fein gehackt)
- 4 EL Olivenöl
- 3 TL scharfer Senf
- Tabasco (nach Belieben)
- 1 EL Worcestersoße
- Salz

Zubereitung

Für das Tatar das Rinderfilet mit einem scharfen Messer fein hacken, mit Folie abdecken und kühl stellen oder beim Fleischer fein faschieren lassen.

Für die Marinade alle Zutaten verrühren und ziehen lassen. Nach Geschmack mit Tabasco, Salz, Pfeffer abschmecken.

Vor dem Anrichten in einer Schüssel mit einer Gabel das Tartar und die Marinade gut abmischen. Auf einem gekühlten Teller die Masse zu einem Laibchen formen. Mit fein geschnittenen Zwiebelringen und getoastetem Brot servieren.

Shahi Panir **Butter Paneer- Frischkäse** ● ○ ○

Zutaten

- 1 kleine Zwiebel, feingeschnitten
- 3 EL Butterschmalz (Ghee)
- 300g frische Paneer (Rezept siehe S. 31)
- 2 Paradeiser, würfelig geschnitten (auch Dosentomaten möglich)
- 2 rote milde Chilischoten, getrocknet
- ½ TL Kreuzkümmel
- ½ TL Schwarzkümmel
- 1 TL Kurkuma
- 1 TL mildes Paprikapulver
- 1 kleine Knolle Ingwer, in feine Scheiben geschnitten
- Salz
- Pfeffer
- Saft von ½ Zitrone
- 1 EL Butter
- 2 EL Creme Fraiche
- ½ TL Zucker
- Prise Garam Masala
- frische Minzeblätter

Zubereitung

Paneer in Scheiben schneiden und in Ghee goldbraun anbraten. Herausnehmen und sofort für 2 Minuten in vorbereitetes Salzwasser einlegen, danach abtropfen lassen.

Im selben Fett Kreuzkümmel und Zwiebel goldbraun braten, dann Chilischoten und Schwarzkümmel hinein und kurz anbraten. Tomaten, Kurkuma und Paprikapulver dazu und ganz langsam anrösten. Wenn sich Öl an der Oberfläche absetzt, dann etwas Wasser unterrühren, Paneer dazu, Salz und Pfeffer nach Geschmack, Ingwer und Zitronensaft dazu.

Ein paar Minuten köcheln lassen, dann Butter und Creme Fraiche beifügen. ½ TL Zucker unterrühren und als Abschluss Garam Masala und Minze unterrühren, nicht mehr aufkochen.

Chana Masala **Kichererbsen-Kürbiscurry** ● ○ ○

Zutaten

- 250g getrocknete Kichererbsen
- ½ l lauwarmes Wasser zum Einweichen
- 1 Prise Natron oder Backpulver
- 250g Kürbisfruchtfleisch, kleine Würfel
- 4 Paradeiser, gewürfelt
- ½ roter Paprika, gewürfelt
- 2 große Zwiebel, fein geschnitten
- 2 Knoblauchzehen, fein geschnitten
- 3 cm frischer Ingwer, in feine Streifen
- 2 EL Öl
- 1 TL gemahlener Koriander
- 1 TL gemahlener Kurkuma
- 1 TL gemahlener Kreuzkümmel
- 2 EL Kokosmilch
- 1 TL Garam Masala
- Salz, Chilipulver
- brauner Zucker
- 1 Prise Zimt
- 4-5 Stiele Petersilie
- 4 EL geriebener Kren

Zubereitung

Getrocknete Kichererbsen über Nacht in lauwarmem Wasser einweichen. Am nächsten Tag mit ca. einem ½ Liter Wasser aufgießen (Kichererbsen sollen gut bedeckt sein) und mitsamt dem Einweichwasser, 1 Prise Natron oder Backpulver sowie Salz ca. 45 Minuten weichkochen.

Zwiebel, Knoblauch, Ingwer in heißem Öl anschwitzen. Kreuzkümmel, Kurkuma und Koriander dazugeben und unter Rühren ca. 1 Minute mitrösten. Die Kürbiswürfel hinzufügen, weitere 2 Minuten braten. Kichererbsen, Paprika und Paradeiser unterrühren, mit ca. 200ml Wasser und der Kokosmilch aufgießen. 15 Minuten köcheln lassen. Nach Bedarf Wasser nachgießen. Mit Garam Masala, Salz, Chili, Zucker und Zimt abschmecken. Fürs Servieren mit feingehackter Petersilie und Kren bestreuen.

TIPP
Kichererbsen aus der Dose (480g Abtropfgewicht) verwenden, dadurch entfällt die Einweichzeit und die Zeit zum Weichkochen.

Eigene Notizen und Rezepte...

INGWER

Universelle Medizin

Indischer Name: Adrak
Botanischer Name: Zingiber officinales

Verwendungsform

frische Knolle, sogenanntes Rhizom
(unterirdische Sprossenachse):
nach dem Schälen fein geschnitten,
gerieben oder in Küchenmaschine
zerkleinert

Getrocknetes, gemahlenes Pulver

ALLGEMEIN

Schon 500 vor Chr. wurde Ingwer von dem Philosophen Konfuzius in dessen Schriften erwähnt. Im 9. Jahrhundert wurde die Pflanze im deutschen Sprachraum bekannt, denn durch arabische Händler lernten ihn Römern und Griechen kennen. Bereits im 14.Jhdt war Ingwer neben Pfeffer das zweithäufigste Gewürz. Der größte Produzent ist Indien mit etwa 250.000 Tonnen pro Jahr. Ingwer wird bei uns immer beliebter, sei es als Gewürz oder als Heilpflanze beziehungsweise als ätherisches Öl.

Ingwer wird aufgrund des besonders würzigen Geschmack häufig in der Getränke- und Lebensmittelindustrie verwendet. So ist es etwa Ginger Ale eine alkoholfreie Limonade mit Ingwergeschmack, die vor allem um die Mitte des 20. Jahrhunderts beliebt war.

NATURHEILKUNDLICHE VERWENDUNG

Ingwer wird in der ayurvedischen Medizin als „universelle Medizin" bezeichnet. Die gesunde Knolle regt die Verdauung an, wirkt gegen Verdauungsbeschwerden, Appetitlosigkeit, Völlegefühl, Blähungen. Ingwer regt die Speicheldrüse an sowie die Produktion von Magen- und Gallenflüssigkeit. Er verhindert Sodbrennen, verbessert die Darmfunktion, unterstützt die Darmflora und beruhigt den Magen.

Ein besonderes Einsatzgebiet des Ingwers ist seine Wirkung gegen Übelkeit. Man kann ihn gegen alle Formen von Übelkeit einsetzen, sei es gegen die normale Übelkeit, Seekrankheit oder auch Reiseübelkeit. Wenn Ihnen übel ist, schneiden Sie einfach eine dünne Scheibe von einer Ingwerknolle ab und kauen Sie darauf herum.

Er wirkt antiasthmatisch und löst Verschleimungen des Atemsystems. Ein weiteres Einsatzgebiet des Ingwers sind Erkrankungen der Atemorgane: Ingwerpulver mit Honig vermischt ergibt ein wunderbares Mittel gegen Husten.

Achtung: Schwangere Frauen sollten allerdings wissen, dass sie in der Schwangerschaft vorsichtig mit dem Ingwer umgehen sollten: Zu viel davon kann Wehen auslösen, deshalb bitte nur niedrig dosieren bzw. wenig davon einnehmen.

Ingwer lindert Schmerzen, stärkt die Abwehr, wirkt nerven- und herzstimulierend, keim- und pilztötend,, wirkt schweißtreibend, blutreinigend, antibakteriell, entzündungshemmend, samenvermehrend. Er löst Verkrampfungen und öffnet die Körperkanäle. Er hemmt die Blutgerinnung und schützt damit vor Herzinfarkt. Er senkt den Cholesterinspiegel.

Er ist ein wirkungsvolles Anregungsmittel für den ganzen Organismus, wirkt auch sexuell anregend, macht müde Männer und Frauen wieder munter. Ingwer macht verliebt. Als Kompresse wird er in der makrobiotischen Hausapotheke bei vielen Arten von akuten oder chronischen Schmerzen verwendet. Ingwer soll laut der Doktorarbeit eines australischen Wissenschaftlers 751 verschiedene nutzbringende Eigenschaften haben.

GESCHMACK UND AROMA

Ingwer entwickelt beim Schneiden ein zitronenartiges, erfrischend scharfes Aroma. Er enthält ein Extrakt, das ihm seinen scharfen Geschmack verleiht und das die hauptsächliche Heilkraft der Knolle ausmacht.

VERWENDUNG IN DER KÜCHE

Er dient pur oder in Mischungen als Gewürz.

Er passt zu
- Geflügel
- Lamm
- Fisch
- Meeresfrüchte
- Saucen
- Reis
- Kürbis

Auch
- Lebkuchen
- Milchreis
- Obstsalat
- Tee und
- fruchtige Kaltschalen

werden mit gemahlenem Ingwer verfeinert.

Aus Japan stammt in Essig eingelegter Ingwer, der als Gari zwischen unterschiedlichen Sushi-Gängen gegessen wird und als solcher in Sushi-Restaurants auf der ganzen Welt verbreitet ist.

Katrins Karotten-Ingwersuppe

österreichisch, S.128

KHICHARI **Linsen-Reis-Eintopf** ●●○

5000 Jahre altes Rezept

Zutaten

- 150g Basmatireis
- 100g Linsen, gelb oder orange, oder Mungolinsen,
- 1 Stück frischer Ingwer, ca 2-4 cm,
- 1 EL Ghee
- 1 TL Chat Masala
- 1 TL gemahlener Kreuzkümmel
- ¼ TL Kurkuma
- Salz
- Einige Spritzer Zitronensaft
- Korianderblätter zum Garnieren

Zubereitung

Reis und Linsen für 1-2 Stunden einweichen. Anschließend gründlich abwaschen und abtropfen lassen.

Ingwer schälen und fein würfeln. Ghee in einem Topf erhitzen, Ingwer und Gewürze unter Rühren darin anschwitzen. Ca 800ml Wasser zugießen, zum Kochen bringen. Reis und Bohnen zufügen.

Bei geschlossenem Deckel und sanfter Hitze 35-40 Minuten garen. Mit Salz und Zitronensaft abschmecken. Vor dem Servieren mit Korianderblätter garnieren.

Katrins Karotten-Ingwersuppe ●○○

Zutaten

- 500g Karotten, klein geschnitten
- 2-3 Erdäpfel, klein geschnitten
- 1 Zwiebel
- 3 EL Öl od Ghee
- ca ½ l Hühnersuppe
- 1 EL fein gehackten Ingwer
- Salz, Pfeffer
- 100 ml Schlagobers

Zubereitung

Karotten und Erdäpfel mit Zwiebel in Öl anrösten, Ingwer unterrühren und mit Suppe aufgießen.

Bei Bedarf so viel Wasser dazu, dass das Gemüse bedeckt ist. Zugedeckt kochen, bis das Gemüse weich ist, ca 20 Minuten.

Die Suppe pürieren, mit Schlagobers verfeinern. Salzen und pfeffern.

Für alle, die es exotischer möchten:
1 ganze Stange Lemongras mitkochen und vor dem Pürieren entfernen. Statt Schlagobers 1/3 Dose Kokosmilch verwenden.

Began Ka Bharta **Melanzanigemüse** ● ○ ○

Zutaten

- 2 runde Melanzani
- Ghee
- ½ Zwiebel, gewürfelt
- 1 Zehe Knoblauch, gehackt
- ½ TL Kreuzkümmel
- 2 Chilischoten
- Ingwerknolle (klein), fein geschnitten
- 2 Paradeiser, würfelig geschnitten
- 1 TL Chat Masala
- Salz
- frische Korianderblätter oder Minzeblätter

Zubereitung

Ganze Melanzani in trockener Pfanne anrösten bis die Schale angebrannt ist. Schale entfernen und Melanzani hacken.

Zwiebelwürfel und Knoblauch mit Kreuzkümmel und Chilischoten goldgelb in Ghee anrösten, dann die Paradeiserstücke mit Chat Masala und Ingwer dazu.

Zum Schluss die gehackten Melanzani unterrühren, mit Salz abschmecken und die frischen Korianderblätter oder grüne Minze darüber streuen.

Polenta mit Pilzragout ●○○

Zutaten

- 180g Maisgries
- 250ml Sojamilch
- Salz
- 3 EL Olivenöl
- 500g gemischte Pilze (zB Champignon, Steinpilze, Austernpilze), in Scheiben geschnitten
- 2 Paradeiser, gewürfelt
- 1 Knoblauchzehe, fein geschnitten
- 2 cm Ingwer, fein geschnitten
- 1 TL getrockneter Thymian
- Pfeffer und Salz
- 75 ml Weißwein
- 3 TL Mehl
- 150ml Sojaobers

Zubereitung

In einem Topf die Sojamilch und 250ml Wasser aufkochen, salzen. Den Maisgries unter ständigem Rühren einrieseln lassen, aufkochen und bei kleiner Hitze 1-2 Minuten kochen.

4 kleine Förmchen (Kaffeetassen oder ähnliches) einölen, die Polenta einfüllen und zugedeckt ca. 10 Minuten fest werden lassen. Inzwischen in einer Pfanne das Öl erhitzen und die Pilze darin bei starker Hitze unter Wenden ca. 3 Minuten anbraten.

Knoblauch, Ingwer, Thymian zufügen, kurz mitdünsten, salzen und pfeffern. Mit Weißwein ablöschen. Die Paradeiser unterheben, 5 Minuten kochen lassen. Das Mehl im Sojaobers versprudeln und untermischen, 2 Minuten köcheln. Die Polenta aus der Form stürzen und am Teller mit Pilzragout anrichten.

Eigene Notizen und Rezepte...

KARDAMOM

Indischer Name: Ilaichi
Botanischer Name: Grüner Kardamom (Elettaria cardamomum)
Brauner Kardamom (Elettaria major)

Verwendungsform

ganz: getrockneten Samenkapseln und Samen
Pulver: gemahlene Samen

ALLGEMEIN

Kardamom soll schon in den Gärten von Babylon um 720 v.Chr. angebaut worden sein. Die alten Ägypter kauten ihn, um weiße Zähne zu bekommen. Die Griechen und Römer verwendeten ihn sehr früh zur Herstellung von Parfums, wofür er heute noch verwendet wird.
Da Kardamom von Hand gepflückt werden muss, um ein Aufplatzen der Kapseln zu vermeiden, was einen Aromaverlust der Samen zur Folge hätte, zählt er neben Safran und Vanille zu den teuersten Gewürzen.

Grüner Kardamom wird schonend getrocknet und ist in der Küche am vielseitigsten einsetzbar.
Brauner Kardamom wird über Feuer getrocknet und würzt mit rauchigem Aroma.
Weißer Kardamom wird an der Sonne gebleicht und wird in Indien für Süßspeisen verwendet.

NATURHEILKUNDLICHE VERWENDUNG

Kardamom wird gerne in Pulverform verwendet, um die Verdauung zu erleichtern und Blähungen zu bekämpfen. Dem ätherischen Öl, dessen Hauptbestandteile 1,8 - Cineol, Limonen und Linalool sind, verdankt es seine medizinische Wirkung, welches die Verdauung anregt und sich positiv bei Magen-Darm-Störungen sowie Fettleibigkeit auswirkt. Er regt den gesamten Stoffwechsel an.

Bei Harnwegsinfektionen hilft seine leicht antibiotische Wirkung. Brauner Kardamom hat eine wärmende Eigenschaft. Mit Wasser auf einer Steinplatte oder im Mörser zerrieben ergibt brauner Kardamon einen Saft, der bei Kopfschmerz oder Migräne über die Stirn gestrichen schmerzlindernd wirkt. Inder empfehlen nach dem Essen Kardamom mit Fenchel zu kauen.Das gibt frischen Atem, vor allem gegen Knoblauchgeruch und Zwiebelgeruch.

Frauen ist er bei Wechselbeschwerden und Menstruationsproblemen zu empfehlen. Aufgrund seiner schleimlösenden Wirkung wird er bei Husten, Erkältung und Asthma eingesetzt.

GESCHMACK UND AROMA

Kardamom hat ein unverkennbares warmes, zitronenartiges, kräftiges Aroma. Die Samen schmecken süßlich, leicht scharf und fruchtig schwer.

VERWENDUNG IN DER KÜCHE

Passt perfekt zu:

- Gebäck
- Süßspeisen
- Reisspeisen (süß und pikant)
- Apfelkuchen
- Obstsalat (Kardamom harmonisiert sehr gut mit Früchten)
- Fleischbrühen
- Hack- u. Hammelfleischgerichte
- gebratenes Hähnchen

Viele kennen Kardamom aber wohl hauptsächlich aus der Weihnachtsbäckerei oder als Geheimtipp in einem Obstkuchen. In Indien bestimmt Kardamom den unterschiedlichen Geschmack von Currys, Gewürzmischungen wie Garam Masala, aber auch von Kaffee und Chai-Tee.

Zum Kochen werden die Kapseln nur leicht gequetscht und beigefügt. Bei kurzen Garzeiten oder für intensiveren Geschmack die Samen aus der Kapsel lösen, mörsern und leicht anrösten.

TIPP

Ganze und gemahlene Samen verlieren schnell an Aroma. Am besten nimmt man die Samen kurz vor der Verwendung aus den Kapseln. Um das Aroma zu verstärken, die Kardamomsamen am besten in einem Mörser zerstoßen und fettfrei anrösten. Durch sein kräftiges Aroma vorsichtig dosieren.

Kalbfleisch Korma

indisch, S.139

Kalbfleisch Korma ●●○

Zutaten

- 500g Kalbfleisch, in Scheiben geschnitten
- 4 Zwiebeln, in Scheiben geschnitten
- 1 EL Knoblauch-Ingwer-Pasta
- 1 TL Koriandersamen

Garam Masala, ganz:

  - 2 Kardamom ,ganz
  - 3 Nelken ganz
  - 1 Zimtstange
  - 2 Lorbeerblätter
  - 5 Pfefferkörner

- 2 El Koriander, gemahlen
- Messerspitze Chili
- ½ El Paprika
- 1 Tasse Suppe
- Salz
- 3 braune Kardamomkapseln
- 1 Tasse Joghurt
- ½ Tasse Schlagobers
- Prise Garam Masala

Zubereitung

3 Zwiebeln goldbraun anrösten, aus dem Fett nehmen. Nun 1 Zwiebel goldbraun rösten, die Koriandersamen dazugeben. Etwas weiterrösten, dann das Kalbfleisch, Knoblauch-Ingwer-Pasta und Garam Masala dazu und mitrösten.

Gemahlenen Koriander, Chili und Paprikapulver mit Salz in Suppe auflösen und dem Fleisch beifügen. ½ Stunde zugedeckt schmoren lassen. Die zuvor gerösteten 3 Zwiebeln mit 3 braunen Kardamomkapseln und Joghurt mit Mixstab pürieren, zum Fleisch geben.

Zum Schluss mit Schlagobers und Garam Masala abschmecken.

österreichisch

KARDAMON

Gefülltes Brathuhn •••

Zutaten

- Huhn, bratfertig
- ½ TL Kardamompulver
- 4 Zehen Knoblauch, pressen
- 1 TL mildes Paprikapulver
- 1 Msp. Chilipulver
- Pfeffer
- Salz
- Semmelfülle:
    - 100g Semmelwürfel
    - 1 Ei
    - 2 EL Brösel
    - 200ml warme Milch
    - 1 TL griffiges Mehl
    - Salz
    - Pfeffer
    - Petersilie

Zubereitung

Knoblauch und Gewürze in etwas Öl anrühren, das Huhn außen, innen und vorsichtig unter der Haut damit einreiben.

Semmelfülle zubereiten (alle Zutaten mischen), einfüllen und Huhn mit Klammer verschließen.
½ Stunde rasten lassen und dann im Rohr 1½ bei Umluft C 160 Grad braten.

Abwechselnd mit flüssiger Butter bestreichen und mit wenig Hühnersuppe untergießen. Huhn während des Bratens wenden, wenn sich die Haut braun verfärbt.

Das Brathuhn ist fertig, wenn beim Anstechen zum Beispiel bei den Schenkeln, nur mehr klare Flüssigkeit austritt.

Gajar Ka Hawa **Karotten-Süßspeise**

Zutaten

- 1 kg geriebene Karotten
- 1 ½ l Milch
- ¼ l Schlagobers
- Rosinen
- 300g Zucker
- 1 Lorbeerblatt
- 3-4 Stk. Kardamomkapseln
- 100g Butter
- gestiftelte Mandeln

Zubereitung

Karotten mit Milch aufkochen, Lorbeerblatt und Kardamon kochen, bis es trocken aussieht; dauert sehr lange, ca 1 ½ - 2 Stunden! Ab und zu umrühren.

Rosinen, Mandeln und Pastazien in Butter anrösten und unterrühren. Zum Schluss Zucker und Schlagobers dazu und nochmals reduzieren.

Peas Mushroom Pulao

Gebratener Reis mit Erbsen und Pilzen ● ○ ○

Zutaten

- 100g Basmatireis
- 3 EL Margarine
- 1 mittelgroße Zwiebel, fein gehackt
- 200g gemischte Pilze, geputzt
- 250g Erbsen, tiefgefroren
- 6 grüne Kardamomkapseln
- 10 Pfefferkörner, geschrotet
- 3 Tassen Gemüsesuppe
- Salz

Zubereitung

Reis für eine ½ Stunde in kaltem Wasser einweichen. Margarine im Topf erhitzen und Zwiebel goldbraun anrösten. Kardamom, Pfeffer, Pilze und Erbsen beifügen und kurz mitrösten.

Mit Suppe aufgießen, salzen, Reis dazugeben und zugedeckt 15 Minuten bei mittlerer Hitze fertigkochen.

TIPP
Für eine nicht- vegane Variante anstelle der Margarine Butter verwenden.

Eigene Notizen und Rezepte...

KNOBLAUCH

„Die Vanille des kleinen Mannes"

Indischer Name: Lahsan
Botanischer Name: Allium sativum

Verwendungsform

Die Zehen geschnitten, gequetscht und zerdrückt. Pulverform.

ALLGEMEIN

Man geht davon aus, dass der Ur-Knoblauch bereits vor etwa 5.000 Jahren in Zentralasien angebaut wurde und von dort aus über den Vorderen Orient schließlich nach Europa kam. Knoblauch fand und findet in allen Kulturen und Küchen Anwendung. Er wird seit jeher nicht nur als würzende Zutat, sondern auch medizinisch eingesetzt.

Schon im alten Ägypten war Knoblauch bekannt. Dort gaben Pharaonen den Sklaven, die die Pyramiden bauten, jeden Tag Knoblauch, um ihren Arbeitseifer anzuregen und um sie vor Krankheiten zu schützen. Dies ist wahrscheinlich auf die antibakterielle Wirkung der frischen Pflanze zurückzuführen. Die Sportler der Antike kauten regelmäßig vor Beginn der Olympischen Spiele eine Zehe davon. Sie irrten sich nicht, denn im Allgemeinen ist Knoblauch das Synonym für Lebenskraft.

Knoblauch war immer schon ein Würzstoff, den sich jedermann leisten konnte, während teure Gewürze nur einer bestimmten Bevölkerungsschichte zugänglich waren. In den eleganteren Haushalten wurde er früher sehr verächtlich behandelt, denn hier wurden Gewürze aus Übersee verwendet, die einen kostspieligen und exklusiven Ruf hatten, wie Vanille und Safran. Da sich die ärmere Bevölkerung keine Vanilleschote leisten konnte, ersetzten sie, ohne jegliche geschmackliche Ähnlichkeit zu beachten, kurzerhand die Vanille durch Knoblauch, der so zum Beinamen „Vanille des kleinen Mannes" kam.

NATURHEILKUNDLICHE VERWENDUNG

Arzneipflanze des Jahres 1989. Die Wunderknolle! Die krebshemmenden Eigenschaften von Knoblauch werden ihm nicht mehr nur nachgesagt, sondern sind mittlerweile durch eine Reihe von Studien belegt: Krebszellen verabscheuen Knoblauch! Ganz konkret wurden die krebshemmenden

Wirkungen des Knoblauchs für Dickdarmkrebs, Magen- und Speiseröhrenkrebs, Lungen- und Brustkrebs nachgewiesen. Er beschleunigt die Ausscheidung krebserregender toxischer Substanzen. Wenn man täglich 4 g einer frischen Zehe oder circa 900 mg getrockneten Pulvers einnimmt, kann dies den Cholesterinspiegel senken und sich auch präventiv gegen Gefäßveränderungen auswirken. Daher wird er gegen Bluthochdruck und Arterienverkalkung eingesetzt.

In der Pflanzenheilkunde verwendet man Knoblauch auch bei infektiösen Darmerkrankungen. Regelmäßiges Essen von Knoblauch erhöht den Schutz vor Magen-Darm-Erkrankungen, die durch Viren, Bakterien und Pilze verursacht werden.

In der Naturheilkunde hat sich Knoblauch als stark antibiotische Pflanze bei Bronchialkatarrhen bewährt. Äußerlich hilft Knoblauch als Saft gegen rheumatische Beschwerden, bei Warzen und Herpes. Weiteres wird ihm nachgesagt, dass er die Potenz des Mannes stärkt. Knoblauch wirkt aufbauend und regenerierend.

GESCHMACK UND AROMA

Ganze Zehen sind milde im Duft, in Scheiben geschnitten nur eine Spur schärfer. Gehackt oder zerquetscht entwickelt er ein sehr starkes Aroma mit intensivem Nachgeschmack. Vorsicht beim Rösten: er darf nicht braun werden, da er sonst bitter schmeckt.

VERWENDUNG IN DER KÜCHE

Universalgewürz für alle herzhaften Speisen

TIPP

Zerdrücken Sie die Zehe Knoblauch mitsamt der Schale mit der Breitseite eines Messers und lassen Sie diesen dann für mindestens 10 Minuten stehen, bevor Sie ihn weiterverwenden. In diesen 10 Minuten zerfällt ein bestimmtes Molekül in weitere 30 Moleküle, die im Gesundheitsbereich große Wirkung zeigen (siehe Naturheilkundliche Verwendung). Danach lässt sich auch die Schale leicht entfernen.

Steirisches Tzatziki

vegetarisch, S.153

Lahsan Schorban

Gemüse- Knoblauch Suppe ●○○

Zutaten

- ½ Zwiebel, fein gehackt
- 1 Zucchini
- 2 Karotten
- 1 Stangensellerie
- 1 Fenchelknolle
- 1 Kohlrabi
- 2 cm Ingwerknolle, fein gehackt
- 2 Zehen Knoblauch, in Scheiben geschnitten
- 1 Lorbeerblatt
- 1 Prise Kardamom
- Je eine Prise Salz und Pfeffer
- Chat Masala
- Garam Masala
- 1l Gemüsefond oder Wasser

Zubereitung

Würfelig geschnittenes Gemüse mit der halben Menge Zwiebel und der Hälfte des Knoblauchs sowie den Gewürzen (außer Masalas) in einen Topf geben, mit Gemüsefond oder Wasser aufgießen und langsam köcheln lassen.

Den restlichen Zwiebel und Knoblauch in Butter anrösten und der Suppe beimengen. Zum Schluss mit Chat Masala und Garam Masala abschmecken.

Vanillerostbraten

●●○

Zutaten

- 4 Scheiben Rostbraten oder Beiried
- 60g Butterschmalz
- 1 EL kalte Butter
- 4 Knoblauchzehen, gepresst
- Senf, scharf
- 1 Tasse Suppe oder Wasser
- Salz
- schwarzer Pfeffer, frisch gemahlen
- Mehl zum Stauben

Zubereitung

Die Fleischschnitzeln dünn plattieren, Ränder mit scharfen Messer einschneiden, beidseitig ganz dünn mit Senf bestreichen, salzen, pfeffern und mit der halben Menge Knoblauch einreiben. 20 Minuten rasten lassen.

Auf einer Seite mit Mehl bestauben und überschüssiges Mehl abklopfen. Fett erhitzen und Fleisch mit der bemehlten Seite einlegen, beidseitig braun braten.
Bratdauer ca 3 Minuten pro Seite.

Fleisch aus der Pfanne nehmen. Mit Suppe oder Wasser aufgießen, gut durchkochen. Restlichen Knoblauch und 1 EL kalte Butter einrühren, Rostbraten nochmals in den Saft einlegen und einige Minuten ziehen lassen.

Passende Beilagen: Braterdäpfel

Steirisches Tzatziki ●○○

Zutaten

- Joghurt und Creme Fraiche
- 1 Salatgurke
- 2 Knoblauchzehen
- 1-2 EL Kernöl
- 1 TL Salz
- 1 TL Zucker
- Zitronensaft
- Pfeffer

Zubereitung

Die Salatgurke mit einem Gurkenhobel in breitere Streifen in eine Schüssel reiben. Verwenden Sie anstelle der Glashausgurke eine Feldgurke, muss diese zuerst geschält und entkernt werden.

Salz und Zucker unterrühren und mindestens 15 Minuten stehen lassen, damit das Wasser entzogen wird. Danach Gurken abseihen und ausdrücken.

Zitronensaft, Salz und Pfeffer, 1-2 EL Joghurt und 1-2 EL Creme Fraiche zu einer cremigen Konsistenz verrühren und 1-2 EL Kernöl beifügen, je nachdem wie intensiv Sie die Farbe möchten, von hellgrün bis dunkelgrün.

Knoblauch nach Geschmack beifügen und kurz rasten lassen.

Veganes Zwiebelschmalz ●○○

Zutaten

- 200g Kokosfett
- ½ Zwiebel, feingehackt
- 50ml Olivenöl
- 1 Knoblauchzehe, gepresst
- Salz
- Pfeffer
- 1 EL Hefeflocken (im Reformhaus erhältlich)
- ½ TL Gemüsesuppenpulver
- Majoran

Zubereitung

Zwiebel in Öl goldbraun anbraten. Kokosfett flüssig werden lassen und gebratenen Zwiebel einrühren. Gepressten Knoblauch dazu geben, sowie mit Salz, Pfeffer, Hefeflocken, Suppenpulver und Majoran abschmecken.

Im Kühlschrank ca. 4 Stunden fest werden lassen, zwischendurch immer wieder umrühren, damit sich die Zutaten gleichmäßig verteilen.
Als Brotaufstrich verwenden.

TIPP
Probieren Sie wahlweise auch Haferflocken, gehackte Kürbiskerne, Sesam, Petersilie unterzurühren.
Gut gekühlt hält das Zwiebelschmalz mehrere Monate.

Eigene Notizen und Rezepte...

KORIANDER

Indischer Name: Dhanya
Botanischer Name: Coriandrum sativum

Verwendungsform

getrocknete Früchte, frische Blätter

ALLGEMEIN

Koriander zählt zu den ältesten bekannten Gewürzen und stammt ursprünglich aus Südeuropa und dem Vorderen Orient. Man kannte ihn bereits im alten Ägypten als Heilpflanze, wo er aber auch als Opferpflanze verwendet wurde. So fand man Samen davon im Grab von Tutenchamun.

Schon im 17. Jahrhundert wurde Koriander als Parfumzusatz verwendet und als eines der ersten Kräuter 1670 von Einwanderern nach Nord-Amerika eingeführt. Obwohl Koriander gerne in warmen Gegenden wächst, gedeiht er auch gut in Töpfen. Koriander wird ebenso für Parfums, Liköre und Gin verwendet.

NATURHEILKUNDLICHE VERWENDUNG

Die Früchte wirken verdauungsfördernd, appetitanregend, krampflösend. Das in den Korianderfrüchten enthaltene ätherische Öl gilt schon seit langer Zeit als Mittel gegen Blähungen und Völlegefühl. Er wird zur Stärkung des Magens und des Darmes eingesetzt. Frische Blätter sind ebenso gut bei Entzündungen im Magen-/Darmtrakt sowie der Harnwege. In einer Mischung mit Ingwer und Kreuzkümmel ergibt es eine gute Wirkung bei fiebrigen Erkrankungen. Hilft bei Asthma, Husten und allgemeiner Schwäche.

Äußerlich angewendet hilft Korianderöl in Salben, die man bei rheumatischen Beschwerden der Gelenke und der Muskeln aufträgt. Koriander hat noch andere Vorzüge, denn er hilft den Frauen die Menstruation schmerzfrei und ohne schlechte Laune zu überstehen. Aus ayurvedischer Sicht wirkt Koriander entgiftend, antibakteriell und pilztötend.

GESCHMACK UND AROMA

Erst nach einer gewissen Lagerzeit bildet sich bei den reifen, getrockneten Koriandersamen ein süßes, würzig-holziges Aroma heraus. Trocken geröstete Samen entwickeln ein kräftiges Aroma, das an Orangenschalen erinnert. Das Korianderaroma wird durch Aldehyde verursacht, die so ähnlich auch in Seifen vorkommen. Da das Gehirn dieses seifige Aroma wahrnimmt, entwickeln einige Menschen eine regelrechte Abneigung gegen dieses Gewürz.

VERWENDUNG IN DER KÜCHE

Ganze Körner sind lange haltbar und lassen sich leicht zu Pulver zermahlen. Koriander sollte man nach Möglichkeit frisch mahlen, denn so ist der Geschmack am intensivsten.

Häufige Verwendung für

- Gebäck
- Saucen
- Brot
- Beizen
- Marinaden
- Hülsenfruchtsuppen
- Fischkonserven, -marinaden
- Fleisch
- Kohl
- Weiß- u. Rotkraut
- Karotten
- Gewürzmischungen

In heißen Ländern wird rohes Fleisch mit Korianderkörner, Salz und Pfeffer bedeckt. Der Grund ist, dass Koriander eine Substanz enthält, die die Zellteilung von toxinproduzierenden Bakterien vermindert, vor allem von diesen, die beim Fleisch an der Oberfläche wuchern und es verderben.

Mohn-Knäckebrot mit Erdäpfelkas

österreichisch, S. 162

Murg Makhni **Hühnergericht** ●●○

Zutaten für 6 Portionen

- 1 kg Hühnerfilet, gewürfelt
- 1 EL Knoblauchpasta
- 1 EL Tandoori Masala
- 1 EL Chat Masala
- 1 EL Garam Masala
- 1 TL Koriandersamen
- 2 Zwiebel, gewürfelt
- 2 Knoblauchzehen, fein geschnitten
- 1 Dose Paradeiser , gewürfelt
- 2 EL Joghurt
- 1/4l Schlagobers
- 3 EL Ghee
- 50g Butter

Kräuter:

- 1 Bund Koriander
- 1 Bund Dill
- 1 EL Bockshornklee
- 2 cm Ingwer, fein geschnitten
- 1 Chilischote, fein gehackt

Zubereitung

Hühnerfilet mit ½ EL Tandoori Masala, Knoblauchpasta und 1 EL Joghurt marinieren, ½ Stunde rasten lassen.

In einer Pfanne Ghee erhitzen, die Hühnerfilets anbraten, herausnehmen und zur Seite stellen. Zwiebel und Knoblauch in 40g Butter goldbraun anrösten, Chili und Paradeiser, Chat Masala, ½EL Tandoori Masala, Salz, unterrühren und gut anrösten. Mit Mixstab pürieren, Schlagobers dazu und etwas einkochen lassen.

Gebratene Hühnerstücke dazu und mit 1 EL Joghurt kurz aufkochen. Fein gehackte Kräuter, Chili, Ingwer abschmecken und Schlagobers und 10g Butter unterrühren, nicht mehr kochen.

Mohn- Knäckebrot mit Erdäpfelkas ●●○

Zutaten

- 250g Haferflocken
- 250g Weizen- oder Dinkelmehl, fein gemahlen
- 800ml Wasser
- 4 EL Rapsöl
- 120 g Sesam
- 120 g Mohn (ganz)
- 120 g Sonnenblumenkerne
- 4 TL Koriander gemahlen
- 3 TL Salz

Erdäpfelkas:

- 400 g Erdäpfel, mehlig
- ½ Becher Sauerrahm
- 80 g Schlagobers
- 100 g roter Zwiebeln, feingeschnitten
- Prise gemahlener Kümmel
- Prise Muskatnuss
- Salz
- Pfeffer

Zubereitung

Haferflocken, Mehl und Wasser vermischen, ca 1 Stunde quellen lassen. Danach die anderen Zutaten und Gewürze untermischen. 3 – 4 Bleche mit Butter befetten oder mit Backpapier auslegen. Masse so dünn als möglich aufstreichen. Mit Heißluft bei 150 Grad backen. Nach 15 Minuten in Stücke schneiden, nochmals für ca. 45 - 60 Minuten backen, bis es ganz knusprig ist. Das Knäckebrot bleibt in Dosen länger haltbar und knusprig.

Erdäpfelkas:

Erdäpfel in der Schale weich kochen, schälen und mit einer Gabel gut zerdrücken (nicht mit dem Mixer rühren, wird sonst zähe Masse). Mit Zwiebeln und den anderen Zutaten vermischen. Mit Pfeffer und reichlich Salz gut abschmecken. Dieser Aufstrich passt auch sehr gut zu Schwarzbrot.

Matar Paneer **Frischkäse mit Erbsen** ●●○

Zutaten

- 300g Paneer (siehe S. 31)
- 300g Erbsen
- ½ Zwiebel
- 1 Knoblauchzehe
- 1 Ingwerknolle, klein
- ½ TL Kreuzkümmel
- ½ TL Koriandersamen
- ½ Dose Paradeiser

In Wasser anrühren:

- 1TL Kurkuma
- 1 Messerspitze Chili
- 1 TL Paprikapulver
- 1 TL gemahlener Koriander
- 2 EL Joghurt
- Salz

Zubereitung

Gewürfelte Paneer in Butter goldbraun braten. Gewürfelte Zwiebeln mit gehacktem Knoblauch in Butter goldbraun anrösten. Kreuzkümmel und Koriandersamen mitrösten.

Dann die in Wasser angerührten Gewürze beifügen und langsam kochen. Wenn sich die Flüssigkeit reduziert hat, die Paradeiser und Erbsen dazu. 10 Minuten kochen. Soße pürieren, Joghurt unterrühren. Paneer in den Topf, kurz aufkochen.

Zum Schluss mit frischem Ingwer und Koriander abschmecken.

Dhal **Linsengericht** ●○○

5000 Jahre altes Rezept

Zutaten

- 100g gelbe Linsen, oder Chana Linsen, oder Mungolinsen (halbierte Linsen),
- ½ Zwiebel
- Kreuzkümmel
- Koriandersamen
- ½ TL Kurkuma
- 1 Messerspitze Chili
- Salz
- Chat Masala
- Frische Korianderblätter
- 1 Paradeiser
- Ingwerknolle

Zubereitung

Die Linsen gut waschen, in 1 Liter Wasser geben, mit Kurkuma, Chili, Salz, gehacktem Ingwer weich kochen.

Gewürfelter Zwiebel mit Kreuzkümmel, Koriandersamen goldbraun rösten, kurz mit Chat Masala weiterrösten. Die gerösteten Zwiebel zu den Linsen geben und mit frischen Korianderblättern abschmecken.

Eigene Notizen und Rezepte...

KREUZKÜMMEL

Indischer Name: Jeera
Botanischer Name: Cuminum cyminum

Verwendungsform

Samen, ganz oder gemahlen

ALLGEMEIN

Galt der Kreuzkümmel im Altertum als Symbol für Gier und Niedertracht, wandelte sich sein Ruf im Mittelalter und gilt nun als Zeichen für Treue. So trugen früher Hochzeitspaare zur Kräftigung ihres Ehegelöbnisses etwas Kreuzkümmel bei sich.

Kreuzkümmel stammt ursprünglich aus dem Orient und ist heute vor allem in der Küche in Indien, Nordafrika, dem Mittleren Osten, im Mittelmeerraum und Mexiko verbreitet. Er gedeiht in allen warmen und gemäßigten Regionen. Kreuzkümmelöl wird auch in der Parfumindustrie gerne verwendet.

NATURHEILKUNDLICHE VERWENDUNG

Aus der Sicht der ayurvedischen Medizin fördert Kreuzkümmel die Magensekretion, reduziert Blähungen, vermindert Krämpfe im Magen/Darmbereich, reguliert die Darmflora, wirkt entgiftend, reinigt das Blut und stärkt die Leber, hilft die erhitzende Wirkung von Lebensmitteln auszugleichen.

Als Vetter des Anis enthält auch der Kreuzkümmel eine Substanz, die die Verdauung anregt, den Speichelfluss fördert, die Gallensaftausscheidung und die Aktivität der Bauchspeicheldrüse reguliert. Dient zur Linderung von Durchfall. Weitere Einsatzmöglichkeiten sind bei Fieber, Frauenbeschwerden und zur Milchförderung. Wie viele andere Gewürze wirkt auch Kreuzkümmel anregend, antibakteriell, tonisierend.

GESCHMACK UND AROMA

Kreuzkümmel hat eine leicht pfeffrige Note und einen etwas schärferen und bitteren Geschmack als normaler Kümmel, mit einem würzig-süßen Duft. Ganze Samen würzen milder als frisch gemahlene. Durch Rösten ohne Fett wird das Aroma gesteigert.

VERWENDUNG IN DER KÜCHE

Kreuzkümmel passt sehr gut zu:

- Käsespezialitäten
- Sauerkraut
- Paradeissaucen
- Melanzani
- Kohl
- Couscous
- Pickles
- orientalische Gerichte
- Chili con Carne
- indische Currys und Reisgerichte

sowie vor allem zu indischen Gewürzmischungen (Garam Masala)

Gefüllte Paprika mit Paradeissauce

österreichisch, S.172

Khadri **indisches Originalwort von „Curry"**

5000 Jahre altes Rezept

Zutaten

1.Mischung:
- 200g Joghurt
- 50g Kichererbsenmehl
- 2 TL Kurkuma
- ½ TL Chili
- Salz nach Geschmack

2.Gewürzmischung
- 3 EL Ghee oder Senföl oder Kokosöl
- 1 TL Kreuzkümmelsamen
- 2 getrocknete Chilischoten
- Ungeschälter, sehr dünn geschnittener Ingwer (ca 3 cm Ingwer)
- 3-4 Körner Asant

Zubereitung

Alle Zutaten der 1. Mischung zusammenmischen, mit 2 Tassen Wasser gut verrühren, 2-3 Stunden stehen lassen (nicht im Kühlschrank!).
Mischung langsam im Topf aufkochen und unter ständigem Rühren ca ½ Stunde kochen. Wird die Brühe zu dick, etwas Wasser dazu, die Konsistenz sollte wie bei einer Cremesuppe sein.
In einer Pfanne für 2. Mischung (Gewürzmischung) Ghee erhitzen, Asant dazu und kurz anbraten, Chilischoten dazu, Kreuzkümmel (oder Bockshornkleesamen), sowie Ingwer dazu. Wenn die Chilischoten braun sind, entfernen, Samen rösten bis sie braun sind. Diese Mischung zu der Joghurtbrühe einrühren. 2-3 Minuten ziehen lassen. Als Variante frischen Knoblauch anrösten und unterrühren. Als Hauptmahlzeit mit gekochtem Reis essen. Zur Dekoration grüne Korianderblätter, Minzeblätter, ev Ingwerscheiben verwenden. Wer es mehr sauer möchte, gibt etwas Limettensaft dazu.

Gefüllte Paprika mit Paradeissauce ...

Zutaten

- 200 g Langkornreis, fertig gekocht
- 8 Paprikaschoten
- 500 g Faschiertes
- ½ TL getrockneter Majoran
- ½ Bund Petersilie, fein gehackt
- Salz
- Pfeffer
- ½ TL Kreuzkümmel
- Rapsöl

Für die Paradeissauce:

- 1 Zwiebel
- 2 EL Butter
- 1 Dose passierte Paradeiser (850 g)
- Salz
- 1 TL Zucker
- ½ Lorbeerblatt
- 6 Pfefferkörner
- 1-2 EL Weißweinessig

Zubereitung

Paprikaschoten oben vorsichtig einschneiden und den Deckel abheben, zur Seite legen. Innen die Samen und die weißen Scheidewände entfernen. Die Schoten auswaschen und umgekehrt auf Küchenpapier abtropfen lassen.

Das rohe Faschierte mit fein gehackter Petersilie und dem Reis vermengen, mit Majoran, Salz, Pfeffer und Kreuzkümmel kräftig würzen. Den Backofen auf 180 °C vorheizen.

Ein Reindl mit Öl einfetten. Die Paprika vorsichtig mit der Masse füllen, den Deckel mit dem Stiel nach unten in die Öffnung drücken. Dicht an dicht hineinsetzen. Zugedeckt im Ofen bei 180 Grad 30 Minuten backen.

Inzwischen für die Sauce die Zwiebel schälen und fein hacken. Die Butter in einem Topf zerlassen und die Zwiebel darin glasig anschwitzen. Die passierten Paradeiser unterrühren und mit Lorbeerblatt, sowie Pfefferkörner 10 Minuten kochen lassen, regelmäßig umrühren.

Mit Salz, Zucker und Essig abschmecken. Über die Paprika gießen und diese weitere 20 Minuten offen im Ofen garen.

TIPP

Statt der Dosen- Paradeiser können auch die gleiche Menge frische Paradeiser verwendet werden, die mit dem Stabmixer mitsamt der Haut püriert werden.

Sabzi Paratha **gefülltes Fladenbrot** ● ○ ○

Zutaten

- 150g Vollkorn -Weizenmehl
- 1 Prise Salz
- 1 EL flüssige Butter

Fülle:

- 200g sehr fein gehacktes Gemüse der Saison
- ½ Zwiebel, fein gehackt
- Prise Salz, Pfeffer, Kreuzkümmel, Chatmasala

Zubereitung

Für den Teig alle Zutaten mit lauwarmem Wasser zu einem festen glatten Teig verarbeiten und zugedeckt eine halbe Stunde rasten lassen.

Fülle:

Zwiebel goldbraun anrösten, Gemüse dazugeben, kurz anbraten und kaltstellen.
Brotteig zuerst in eigroße Kugeln formen, ca. 5 Minuten stehen lassen. Dann jeweils 2 Teigkugel nicht zu dünn, rund auswalken, auf einer Flade etwas Gemüse auftragen und mit der zweiten Platte abdecken, nochmals leicht ausrollen.

Mit einer Gabel mehrmals anstechen und in einer heißen Pfanne ohne Fett beidseitig backen. Danach beidseitig mit zerlassener Butter bestreichen und nochmals goldbraun weiterbacken.

Palak Aloo **Spinat mit Erdäpfel** ●○○

Zutaten

- ½ kg Erdäpfel, würfelig geschnitten
- 1 kg Spinatblätter, in Streifen geschnitten
- 2 Paradeiser, gewürfelt
- 2 ganze Chili
- 2 Zehen Knoblauch
- ½ Zwiebel
- ½ TL Kreuzkümmel
- ½ TL Chat Masala
- ½ TL Kurkuma
- Bockshornkleeblätter
- etwas Zitronensaft
- 1 EL Ingwer, fein geschnitten
- Salz
- Pfeffer

Zubereitung

Gewürfelte Zwiebel und Knoblauch goldgelb in Öl rösten, dann Chili und Kreuzkümmel mitrösten. Die Erdäpfel unterrühren und mitrösten. Die Spinatblätter mit Paradeiser, Kurkuma, Chat Masala, Salz und Pfeffer dazu, weiterrösten.

Zum Schluss den gehackten Ingwer, Bockshornkleeblätter und Zitronensaft unterrühren und abschmecken.

KÜMMEL

Indischer Name: Jeera
Botanischer Name: Carum carvi

Verwendungsform

Früchte, ganz oder gemahlen
frische Blätter haben ein mildes Aroma

ALLGEMEIN

Kümmel zählt zu den ältesten Gewürzen, die in unserem Kulturkreis verwendet werden. Vieles deutet darauf hin, dass er schon in der Steinzeit verwendet wurde. Die Ägypter stellten als Schutz gegen die bösen Geister Gefäße voll mit Kümmel in ihre Gräber.

Am beliebtesten ist Kümmel heute in Österreich und Deutschland, wo er Brot und Gebäck ein unverwechselbares Aroma verleiht. Die Verwendung ist auch außerhalb der Küche vielfältig: man verwendet Kümmel auch als Zutat zur Mundhygiene und in der Parfumindustrie.

NATURHEILKUNDLICHE VERWENDUNG

Kümmel hat eine ausgesprochen positive Wirkung auf das Verdauungssystem und macht alle schwerverdaulichen Speisen bekömmlicher. Er hat sich deshalb bei Blähungen, Völlegefühl und nervösen Magenbeschwerden bewährt. So findet die Kümmelsuppe (siehe vegetarisches Rezept) ihren Erste-Hilfe-Einsatz bei Übelkeit und Erbrechen. Die beruhigende, entspannende und entkrampfende Wirkung haben wir seinem ätherischen Öl zu verdanken.

Diese entkrampfende Wirkung kommt auch bei Frauenbeschwerden und Husten zum Einsatz.
Auch Kümmeltee (1 Teelöffel zerstoßenen Kümmel mit 200ml kochendem Wasser übergießen, 10 Minuten ziehen lassen, abseihen) findet viele Einsatzmöglichkeiten: Schon Säuglingen und Kleinkindern kann durch die Beigabe von ein bis zwei Esslöffel Kümmeltee ins Fläschchen bei quälenden Bauchschmerzen geholfen werden.

Bei schmerzhaften Regelbeschwerden gilt der Kümmeltee als krampflösendes Mittel. Genießen Sie auch die erfrischende und belebende Wirkung eines Kümmel-Vollbades, indem Sie dem Badewasser ein Liter sehr starken Kümmeltee zufügen.

GESCHMACK UND AROMA

Kümmel besitzt ein leicht süßlich-bitteres Aroma.
Wenn Kümmel frisch mit einer Mühle gemahlen wird, ist sein Aroma am intensivsten. Durch seinen starken Eigengeschmack sollte er immer sparsam dosiert werden und harmoniert am besten zu Zwiebel und Knoblauch.
Der heimische Wiesenkümmel ist, im Gegensatz zum asiatischen Kreuzkümmel, angenehm mild im Geschmack.
Bei Gemüse verstärkt er deren Eigengeschmack und beim Kochen von Kohl verschwindet dessen typischer Geruch.

VERWENDUNG IN DER KÜCHE

Die jungen frischgehackten Blätter können anstelle von Petersilie über Salate und Gerichte gestreut werden. Die Samen finden Verwendung für Brot und Gebäck, Kartoffelgerichte, Sauerkraut, Krautgerichte, Kohlgerichte, Hülsenfrüchte, Karotten, Sellerie, Pilze, Suppen, Topfenaufstrich und ebenso bei fettem Fleisch, wie Schwein, Ente und Gans.

Goa Fish Masala

indisch, S.181

Goa Fish Masala ●●○

Zutaten

- 800g Meeresfisch
- 1 TL Knoblauch-Ingwer-Pasta
- Saft von 1 ganzen Zitrone
- 2 Zwiebel, würfelig geschnitten
- 5 Zehen Knoblauch
- 1 Knolle Ingwer, in Scheiben geschnitten
- 1 TL Kümmel, ganz
- ½ TL gemahlener Kümmel
- 1 TL Kreuzkümmel
- 1 ½ TL Curry
- ½ TL Chilipulver
- 1 TL Korianderpulver
- geschroteten Pfeffer
- ½ Dose geschälte Paradeiser, gewürfelt
- ½ Dose Kokosmilch

Zubereitung

Fisch mit halber Zitronensaftmenge, Salz, Pfeffer und Knoblauchpasta marinieren, ½ Stunde stehen lassen.

Fisch mit Kichererbsenmehl stäuben, sehr kurz in sehr heißer Pfanne anbraten und aus Pfanne heben. Zwiebel mit Knoblauch im verbliebenen Öl goldbraun anrösten, Kümmelsamen und Kreuzkümmel, geschroteten Pfeffer dazu. Currypulver, Chili, Koriander und gemahlenen Kümmel in einer Tasse Suppe anrühren und zur Zwiebelmasse geben. Kurz aufkochen, wenn Öl an die Oberfläche tritt, dann die Paradeiser, restlichen Zitronensaft dazu und aufkochen lassen.

Fisch in die Pfanne dazugeben und die Kokosmilch darüber gießen. Ganz kurz kochen lassen und abschmecken.

Kümmelfleisch ●○○

Zutaten

- 500g Kalbfleisch, gewürfelt
- 3 EL Butterschmalz (Ghee)
- 1 große Zwiebel, gehackt
- 1 EL Tomatenmark
- 2 Zehen Knoblauch, gehackt
- 1 TL Paprikapulver, edelsüß
- ½ TL gemahlener Kümmel
- 3 Nelken
- 2 Wacholderbeeren
- 2 Lorbeerblätter
- 1 TL Majoran
- Salz
- Pfeffer
- Schuß Essig
- ½ l Suppe
- ½ Becher Sauerrahm

Zubereitung

Den Zwiebel goldbraun im Butterschmalz anrösten. Nun Tomatenmark kurz mitrösten, Fleisch dazu, mit Salz und Pfeffer, Lorbeerblätter, Kümmel, Nelken und Wacholderbeeren rösten, bis das Fleisch an Farbe verliert.

Dann gepressten Knoblauch und Majoran unterrühren, kurz mitrösten. Tomatenmark und Paprikapulver unterrühren, sofort mit Essig ablöschen und mit Suppe aufgießen. Zudecken und ca. 10 Minuten köcheln lassen.

Rahm aufrühren und unter das Kümmelfleisch mischen.

Steirische Kümmelsuppe ●●○

Zutaten

- 3 TL Kümmel
- 1 Schuss Essig
- 1 Becher Sauerrahm
- 50 g Mehl
- Etwas Muskatnuss
- 1,25l Wasser
- Salz
- Pfeffer

Zubereitung

Kümmel mit einem Schuss Essig im Wasser 20 Minuten kochen. Mehl mit dem Sauerrahm gut mit Schneebesen verrühren, bis keine Klumpen mehr sind. Unter die nicht mehr kochende Suppe rühren, salzen, pfeffern und noch 15 Minuten ziehen lassen.

Der Kümmel kann eventuell vor dem Servieren mithilfe eines Siebes entfernt werden.

Dhal Dam Bahar ●●○

Zutaten

- 100g Kichererbsen (aus der Dose)
- 100g Mais
- 50g Mungobohnen
- 50g braune Linsen
- 2 EL Kokosöl
- 1 Tasse Gemüsesuppe
- 1TL Kümmel, ganz
- 1TL Kreuzkümmel, ganz
- ½ TL schwarzer Kümmel
- 1 TL Kurkuma
- 3 grüne Chili, feingeschnitten
- 1 cm Ingwer, feingeschnitten
- 1 Jungzwiebel mit Grün, gehackt
- Salz
- Chat Masala
- Saft von 1 Zitrone
- frische Minze, fein geschnitten

Zubereitung

Mungobohnen und Linsen in Salzwasser kochen, bis sie weich sind. Zwiebel mit Kümmel in Kokosöl anrösten. Gekochte Linsen, Mais und Kichererbsen beifügen und mit Salz und Kurkuma würzen, mit Gemüsesuppe aufgießen.

Solange kochen, bis sich die Flüssigkeit auf die Hälfte reduziert hat. Dann mit Chili, Ingwer, Zitronensaft und Chat Masala abschmecken.

Frische Minze darüber streuen.

Eigene Notizen und Rezepte...

KURKUMA

Gelbwurz

Indischer Name: Haldi
Botanischer Name: Curcuma longa

Verwendungsform

Man kauft Kurkuma meist pulverisiert. Wenn Sie die frische Wurzel verwenden, sollten Sie beim Zerkleinern Plastikhandschuhe tragen, da sie stark gelb färbt.

ALLGEMEIN

Schon Marco Polo war von dieser Pflanze beeindruckt, da sie ihn von der Farbe und Duft an Safran erinnerte. Von den Hindus wird Kurkuma sehr verehrt und mit Fruchtbarkeit in Verbindung gebracht. Daher bindet ein hinduistischer Bräutigam seiner Braut ein in Kurkumapasta getauchtes Band um den Hals.

In Malaysia wird nach der Geburt die Nabelschnur und der Unterleib der Mutter mit Kurkumapasta bestrichen, um die bösen Geister fern zu halten und wegen seiner antiseptischen Wirkung. Die starke Färbekraft von Kurkuma eignet sich sogar zum Färben von Stoffen, bei der Reinigung von Küchengeräten haben sich schon viele geärgert. Doch Ärger ist gar nicht notwendig: da der Farbstoff nicht lichtecht ist, verblasst er nach nur einer Stunde im direkten Sonnenlicht gänzlich.

NATURHEILKUNDLICHE VERWENDUNG

Ayurveda verwendet es zur Entlastung der verstopften Gallenblase. Es reinigt nicht nur, sondern es können sogar kleine Gallensteine aufgelöst werden. Kurkuma wirkt harntreibend und hilft damit Rheumatikern. Die antiseptische Wirkung macht das Pulver zum Hausmittel. Bei Verletzungen trinkt man Kurkuma in Milch um den Schmerz zu lindern. Kurkuma hat antibakterielle und pilzhemmende Wirkung. Äußerlich ist es eines der wirkungsvollsten Mittel zur Wundbehandlung. Es verhindert, dass sich Wunden entzünden oder vereitern. Außerdem hilft Gelbwurz als Paste oder Pulver bei Quetschungen, Juckreiz, Nesselsucht, Ekzemen und Prellungen.

Gelbwurz wirkt schmerzlindernd, blutreinigend, -stillend und -bildend, appetitanregend, blähungsreduzierend, menstruationsfördernd, samenbildend, fiebersenkend, wundreinigend und -heilend, entgiftend und regulierend auf die Darmflora. Gelbwurz wird eingesetzt bei Hautkrankheiten, Blutarmut, Bronchialasthma, Husten, Gelbsucht, Diabetes, Koliken, Darmparasiten, gestörter Darmflora, Nierensteinen, Vergiftungen, Juckreiz, Grippe, Nervenschmerzen, Amalgambelastung, Allergien.
Die Inderin bevorzugt es als Schönheitsmittel. Die indische Braut reinigt ihren ganzen Körper 14 Tage vor der Hochzeit mit einen Gemisch von Kurkuma und Sesamöl.

GESCHMACK UND AROMA

Kurkuma hat einen leichten Duft nach Holz und ein pfeffriges Aroma. Die gelben Knollen dieses Ingwergewächses färben intensiv gelb und geben Currypulver die typische Farbe.

VERWENDUNG IN DER KÜCHE

- Currys
- Chutneys
- Eingelegtes
- indische Reis-, Gemüse- und Linsengerichte

SPEZIELLER KURKUMA-TIPP:

Um die gesundheitsfördernde Wirkung zu steigern, sollte Kurkuma laut neuesten wissenschaftlichen Untersuchungen in Öl gelöst werden, damit er vom Organismus resorbiert werden kann. Wenn Sie ihn zu einer Suppe hinzufügen, dann braten Sie ihn zuerst mit Zwiebel und Knoblauch in Öl an, bevor Sie die Suppe zugießen.

Ich füge auch immer frisch gemahlenen schwarzen Pfeffer zu Gerichten mit Kurkuma hinzu, da Pfeffer die Aufnahme von Kurkuma entscheidend steigert. Für kalte Gerichte, wie z.B. Marinaden oder Dips, Kurkuma zuerst immer in etwas Öl auflösen, alles gut pfeffern und servieren.

In Indien wird Kurkuma oft vor der Verwendung in Wasser eingerührt, wie Sie in einigen Rezepten von Riazat Khan lesen können. Ich persönlich röste trotzdem Kurkuma bei jedem Rezept in Öl an. Ihnen ist es natürlich selbst überlassen, wie Sie Kurkuma verwenden möchten.

Kurkuma-Nudeln

österreichisch, S.194

Goschte Awadhh •••

Zutaten

- 500g Rindfleisch, klein würfelig geschnitten
- 2 große Zwiebeln, fein geschnitten
- 1EL Knoblauch-Ingwerpasta

1.Mischung:

- 3 Kardamomkapseln
- 5 Nelken
- 10 Pfefferkörner
- 1 Zimtstange
- 1 TL Kreuzkümmel, 1 TL Koriandersamen
- 2 Tassen Suppe

2. Mischung:

- 1 EL gemahlener Koriander
- 1TL Kurkuma
- 1 TL Paprika, 1TL Chili
- Salz
- ¼ l Joghurt
- 2 Indische Lorbeerblätter (Tez Pat)
- 1 Knolle Ingwer, in Streifen geschnitten
- 1 Bund frischen Koriander, gehackt
- 1 Prise Garam Masala

Zubereitung

Zwiebel goldbraun anrösten, mit 1. Gewürzmischung 5 Minuten weiterrösten. Fleisch dazugeben und solange anbraten, bis das Fleisch Wasser verliert.

Die 2. Gewürzmischung mit Wasser anrühren und zum Fleisch gießen. Salzen, TezPat beifügen, Topf zudecken, zurückschalten. Fleisch köcheln, bis es gar ist; zu erkennen, wenn sich rotes Öl abgesetzt hat und auf der Speise schwimmt.

Vor dem Servieren mit Koriander und Garam Masala bestreuen.

Kurkuma-Nudeln ●○○

Zutaten

- 400g Nudeln
- 40g Salz
- 4l Wasser
- 1 Zwiebel, fein geschnitten
- 2 Knollen Knoblauch
- 250g Mischgemüse
- 1 Spitzpaprika, würfelig geschnitten
- 1 TL Kurkuma
- ½ TL Paprikapulver
- ½ Tasse Gemüsesuppe
- Thymian, getrocknet
- 250 g Bandnudeln
- Parmesanscheiben, dünn gehobelt

Zubereitung

Nudeln im gesalzenen Wasser al dente kochen.

Zwiebel, Knoblauch und Kurkuma in wenig Öl anrösten, gesamtes Gemüse dazugeben und mitrösten. Paprikapulver in Suppe auflösen und unterrühren, Salz, Pfeffer dazu.

Abgeseihte Nudeln untermischen, mit feingeschnittenen Thymian abschmecken und mit Parmesanscheiben bestreuen.

VARIATION: Vollkornnudeln verwenden!

Chowgra-Hydrabadi ●○○

Zutaten

- 2 ELGhee
- 2 Erdäpfel, gewürfelt
- 150g Erbsen, tiefgekühlt
- 3 Karotten, gewürfelt
- 150g gemischte Bohnen (aus der Dose)
- ¼ Karfiol, in Röschen zerteilt
- 4 kleine Melanzani, gewürfelt
- 3 Zwiebeln, fein geschnitten
- 1 TL Knoblauch-Ingwer-Pasta
- 1 TL Kurkuma
- 1 Tasse Suppe
- 1TL Chili
- ½ TL Kümmel
- 1 Tasse Joghurt
- ¼ TL Garam Masala

Zubereitung

Das gesamte gewaschene, geputzte und geschnittene Gemüse, außer Zwiebel, in Ghee anrösten. Aus der Pfanne nehmen, wenn es Farbe bekommen hat.

Im Ghee die Zwiebel goldbraun anrösten, Knoblauch-Ingwerpasta unterrühren und das in Suppe aufgelöste Kurkuma, sowie Chili und Kümmel unterrühren. Das abgeröstete Gemüse beifügen. Salzen. Kurz gut durchrösten. Joghurt dazu und 5 Minuten kochen lassen. Mit Garam Masala abschmecken.

TIPP

Man kann Joghurt auch mit etwas Zitronensaft vor dem Verkochen verrühren, dann wird es etwas dickflüssiger.
Je fetter das Joghurt ist, desto besser lässt es sich aufkochen.

Pakoras ●○○

Zutaten

Für Teig:

- 100 g Kichererbsenmehl
- ½ TL Salz
- ½ TL Chat Masala
- ½ TL Kurkuma
- ¼ l Wasser
- 1 Prise Natron

Zum Tauchen:

- ¼ Karfiol, in Röschen zerteilt
- 1 kleine Zucchini, in Scheiben geschnitten
- 1 Kartoffel, in Stifte geschnitten
- 1 Paprika, grün, geschnitten
- 1 kleine Melanzani, in halbe Scheiben geschnitten
- 1 Zwiebel in dicke Ringe geschnitten

Zubereitung

Alle Teigzutaten gut vermischen und mit ca. ¼ l lauwarmem Wasser zu einem dickflüssigen Teig verarbeiten.

Vorbereitetes Gemüse in den Pakorateig tauchen und in erhitztem Öl schwimmend goldbraun backen.

Eigene Notizen und Rezepte...

MUSKATNUSS

Indischer Name: Jaifal-Jawetry
Botanischer Name: Myristica fragrans

Verwendungsform

Verwendung findet der Samen, die Muskatnuss, sowie deren getrocknete Samenhülle, die irrführend als Muskatblüte (Macis) bezeichnet wird.Die Muskatnuss ist als ganzes oder gemahlen erhältlich. Da die Muskatblüte noch härter als die Nuss selbst ist, ist es empfehlenswert, diese als ganzes mitzukochen oder bereits gemahlen zu kaufen.

ALLGEMEIN

Schon immer war Muskatnuss ein sehr begehrtes Gewürz. Es gab Zeiten, da kostete ein Kilogramm davon so viel wie 6 Schafe. Holländer, Portugiesen, Engländer und Franzosen kämpften einst um das Handelsmonopol. In Europa wurde die Muskatnuss im Mittelalter als Heilpflanze sehr geschätzt um die geistige Leistungsfähigkeit zu verbessern. Dies war auch ein beliebter Einsatzzweck der Muskatnuss durch die heilige Hildegard von Bingen. Damals sagte man der Muskatnuss sogar eine heilende Wirkung gegen Pest nach. Da die Muskatnuss antibakteriell wirkt, kann solche eine Wirkung nicht einmal völlig ausgeschlossen werden. Heute wird sie auf Java, den Antillen, Mauritius und in Ostindien angebaut.

NATURHEILKUNDLICHE VERWENDUNG

Aus ayurvedischer Sicht ist Muskatnuss eines der besten pflanzlichen Heilmittel zur Beruhigung von Nerven und Geist. Eine Messerspitze abends in warmer Milch eingenommen, bringt ruhigen, tiefen Schlaf. Sie wirkt entspannend und löst Bauchkrämpfe, verbessert mit Kardamom und Ingwer die Absorption im Darm.

Muskatnuss und Macis haben die gleichen guten Eigenschaften, beide haben ein etwas scharfes Extrakt, das die Verdauung von besonders schweren Speisen (weiße Bohnen, Linsen usw.) beschleunigt. Außerdem bekämpft Muskatnuss Müdigkeit nach dem Essen. Zudem wirkt die Muskatnuss blutstillend, stimulierend und aphrodisierend. Die Schale, wie auch die Nuss selbst, enthalten ein natürliches Hormon, das unregelmäßige Menstruation reguliert.

VORSICHT:

Von der Muskatnuss sollten Sie nicht zu viel einnehmen, denn sonst könnten Sie Kopfschmerzen, Schwindelanfälle, Wahrnehmungsstörungen und Übelkeit bekommen.
Schon 4 Gramm Muskatnuss können zu viel sein. Diese Menge erreicht man jedoch kaum bei der Verwendung als Gewürz von Mahlzeiten.
Für Schwangere ist die Muskatnuss nicht geeignet, weil sie menstruationsfördernd wirkt.

GESCHMACK UND AROMA

Muskatnuss ist sehr fein und aromatisch in Duft und Geschmack. Sie schmeckt aromatisch-süß und leicht scharf, die Muskatblüte leicht bitter. Muskatnuss sollte am besten frisch gerieben verwendet werden. Immer erst gegen Ende der Kochzeit beifügen, da Hitze aromabeeinträchtigend wirkt.

VERWENDUNG IN DER KÜCHE

Sparsam dosieren! Ein deutlicher Hauch von Muskat passt vor allem zu Erdäpfelspeisen, aber auch zu:

- Pürre
- Aufläufe
- Spinat
- Nudelgerichte

- Kohlgemüse
- Hülsenfrüchte
- Saucen (vor allem Bechamelsaucen)
- Suppen
- Geflügelgerichte
- Fischgerichte

Verleiht

- Apfel- oder Kirschkuchen,
- Lebkuchen,

sowie heißen

- Milchgetränken,
- Glühwein und Heißgetränken mit Alkohol ein herrliches Aroma!

Biryani

vegan, S.208

Kashmiri Murgyakhni

Suppeneintopf ● ○ ○

Zutaten

- 1 Huhn, zerteilt
- 1 große Zwiebel, gewürfelt
- 3 Knoblauchzehen
- Ghee
- 1 TL Fenchelsamen
- 1 TL Koriandersamen
- 1 TL Kashmiri Chili
- Salz

Masala- Mischung schroten:

- 5 Kardamomkapseln
- 3 Nelken
- 1 Zimtstange
- 3 Pimentkörner
- 2 Muskatblüten
- 2 Sternanis

- 1 Tasse Joghurt
- 2 Tassen Milch
- Muskatnuss

Zubereitung

Zwiebel im Ghee anrösten, Knoblauch dazu und goldbraun anrösten. Hühnerteile dazugeben und gut rösten. Alle Gewürze unterrühren.

Joghurt mit Milch mischen, dazu geben und kochen, bis das Fleisch gar ist. Dauert ca. ½ Stunde.

Beim Anrichten Muskatnuss frisch darüber reiben.

Palatschinken mit Kürbisragout ●●○

Zutaten

- 10 gehäufte EL glattes Mehl
- ¼ l Milch
- 5 Eier
- 8 EL Öl
- ½ TL Salz
- 1 EL gehackte Petersilie
- 1 gute Prise Muskatnuss
- Öl zum Herausbacken

Kürbisragout:

- ½ kg Hokkaidokürbis, würfelig geschnitten
- 1 Zwiebel, gehackt
- 1 Knoblauchzehe
- ½ Tasse Hühnersuppe
- Prise Muskatnuss
- Salz
- Pfeffer
- ½ Becher Sauerrahm
- 2 EL Butter

- gehackte Kürbiskerne zum Bestreuen

Zubereitung

Mehl mit wenig Milch, Eier und Öl gut verrühren, mit Salz, Petersilie und Muskatnuss würzen. Restliche Milch nach und nach einrühren.

Mindestens 20 Minuten rasten lassen. Sollte der Teig zu dick sein, noch etwas Milch unterrühren. Eine Pfanne heiß werden lassen, 1 EL Öl erhitzen, einen Schöpfer Teig eingießen und durch Schwenken der Pfanne gleichmäßig verteilen. Nach ca. einer Minute wenden und nochmals eine Minute backen.

Kürbiszubereitung:

Zwiebel in Butter glasig anbraten, Knoblauch kurz mitrösten. Kürbis dazu und einige Minuten anrösten, mit Suppe aufgießen und ca. 10 Minuten bei geschlossenem Deckel weich kochen. Mit Muskat, Salz und Pfeffer abschmecken und Sauerrahm unterrühren. Kurz aufkochen. Auf den Palatschinken die Kürbismasse verteilen, zu einem Dreieck einschlagen und auf Teller anrichten. Mit gehackten Kürbiskernen bestreuen.

Überbackene Variante

Palatschinken mit dem Kürbisragout füllen, einrollen, nebeneinander in ausgefettete Form legen.

1 Becher Schlagobers mit einem ½ Becher Sauerrahm und einem Eidotter sowie etwas geriebene Muskatnuss glattrühren, salzen, pfeffern und über die Palatschinken gießen.

Mit 75 g geriebenen Gouda bestreuen und im vorgeheizten Rohr bei 200 Grad 15 Minuten überbacken.

Aloo Bhaji ●○○

Zutaten

- 800 g mehlige Erdäpfel, geschält, groß würfelig geschnitten
- 1 Zwiebel
- 2 Chilischoten
- 1 Ingwerknolle, fein geschnitten
- 1 TL Kurkuma
- 1 TL Chat Masala
- frisch geriebener Muskat
- Salz
- Pfeffer
- Dill, feingeschnitten

Zubereitung

Zwiebelwürfel und Chili in Butter goldbraun anrösten, dann die Erdäpfel darin anbraten und mit etwas Wasser aufgießen. Ingwer, Kurkuma, Chat Masala, Salz und Pfeffer dazu und kochen, bis die Erdäpfel weich sind.

Zum Schluss Muskatnuss darüber reiben und mit Dill bestreuen.

Biryani **Reisgericht mit Gemüse** ●○○

Zutaten

- ½ kg geschnittenes Gemüse nach Saison
- 400 g Basmatireis
- 2 Tassen Gemüsesuppe
- 1 Zwiebel, gewürfelt
- 2 Chilischoten
- ½ TL Kreuzkümmel
- ½ TL Koriander
- 1 TL Chat Masala
- 2-3 EL Rosinen

2. Gewürzmischung:

- 1 Zimtstange
- 3 Kardamomkapseln
- 1 Muskatblüte
- 2 Lorbeerblätter
- ½ TL schwarze Pfefferkörner

- Salz
- Rapsöl
- 1 Zwiebel, geschnitten, geröstet

Zubereitung

Gewürfelte Zwiebel mit Chilischoten, Kreuzkümmel und Koriander in Öl goldgelb rösten. Das Gemüse dazugeben und mit der 2. Gewürzmischung gut rösten.

Dann mit der Gemüsesuppe aufgießen, den Reis und die Rosinen hinzufügen und die Flüssigkeit auf ein Drittel reduzieren. Zudecken und bei abgeschaltetem Herd fertiggaren.

Mit Chat Masala abschmecken, gut durchrühren und mit gerösteten Zwiebel bestreut servieren.

NELKEN

Indischer Name: Laung
Botanischer Name: *Syzygium aromaticum*

Verwendungsform

Getrocknete Blütenknospen des immergrünen Nelkenbaumes, in ganzer oder gemahlener Form.

ALLGEMEIN

Der Namen leitet sich vom Aussehen der getrockneten, ungeöffneten Blütenknospe ab, die einem kleinen Nagel, dem „Nägelein", ähnelt. Die erste Erwähnung in Europa fanden die Gewürznelken im 4. Jahrhundert als Kaiser Konstantin Papst Sylvester I. Gewürznelken überreichte. Auch die heilige Hildegard von Bingen schätzte die Nelken als wertvolles Gewürz und Heilpflanze.

Dieses Gewürz enthält ein wirksames Desinfektionsmittel, das Eugenol. So trugen schon während der Pestepidemien im Mittelalter die Ärzte Nelkenketten oder kauten auf den Knospen, um die Ansteckungsgefahr zu verringern. Anfang des letzten Jahrhunderts bewies der heute berühmte amerikanische Chirurg, Prof. Brigg, die Desinfektionskraft der Nelken und empfahl nicht nur seinen Assistenten ihre Hände in Nelkenessenz zu waschen, sondern reinigte damit auch Wunden.

NATURHEILKUNDLICHE VERWENDUNG

Durch ihre Inhaltsstoffe, vor allem der ätherischen Öle, Gerbstoffe und Flavonoide, wirken sie antiseptisch, antibakteriell und schmerzstillend. Vor allem früher wurde das ätherische Öl der Nelke häufig in der Zahnheilkunde verwendet. Auch heute noch kann man Zahnschmerzen mithilfe von Nelken lindern, beispielsweise wenn der Zahn nach einer Zahnbehandlung noch schmerzhaft gereizt ist oder wenn der Zahn aufgrund von Nervenirritationen schmerzt. Bei großen Zahnschmerzen und ohne Zahnarzt in der Nähe gibt es kein besseres schmerzstillendes Mittel als ein Stück Nelken auf den schmerzenden Zahn zu legen.

Nelken finden auch Verwendung in manchen Mundwässern und Zahnpasten. Im Verdauungsbereich wird sie vielfältigst eingesetzt bei Appetitlosigkeit, Blähungen, Erbrechen, Gastritis, Magenschleimhautentzündung, Mundgeruch, Mundschleimhautentzündung, Verdauungsschwäche, Verstopfung. Sie regt die Bildung der Magensäfte an. Aufgrund ihrer Fähigkeit, die Verdauung und den Appetit zu fördern, findet man die Gewürznelke auch oft als Bestandteil in verschiedenen Magenbitter.

Ayurvedische Bedeutung: regt Magen und Lunge an, durch die desinfizierende Wirkung gut bei Erkältung, Grippe und Husten, unterstützt die Lymphe und das Immunsystem.

GESCHMACK UND AROMA

Wer jemals auf eine dieser kleinen, harten Nägelein gebissen hat, hat die Würzkraft in der Gewürznelke intensiv zu schmecken bekommen. Sie riechen würzig, schmecken leicht süßlich mit einem holzig-bitteren Beigeschmack. Gewürznelken sollte man immer sehr sparsam dosieren. Erst durch Mitkochen entwickeln sie das volle Aroma.

VERWENDUNG IN DER KÜCHE

Man verwendet Gewürznelken vor allem in schwer verdaulichen Gerichten, wie beispielsweise

- Rotkraut
- Sauerkraut
- Wild, da sie die Verdauung fördern.

Das duftende Aroma der Gewürznelken verfeinert:

- Desserts
- Kompotte
- Lebkuchen
- Glühwein
- Punsch und ist in der Weihnachtszeit nicht mehr wegzudenken.

Auch im indischen Gewürztee (Chai) ist die Nelke ein wichtiger Bestandteil.

Sauerbraten a la Mörli, Klassisches Rotkraut

österreichisch, S.218

Murg Yakhni **Hühnersuppe**

●●○

Zutaten

- 1 ganzes Huhn
- 1 Zwiebel
- 2 Zehen Knoblauch
- 1 Stk Ingwerknolle
- 1 ganze Chili
- 2 Lorbeerblätter
- 4 Kardamomkapseln
- 1 Zimtrinde
- 5 Nelken
- ¼ TL Pfefferkörner
- ¼ TL Kreuzkümmel
- ¼ TL Korianderkörner
- ¼ TL Fenchel, ungemahlen
- 1 TL Salz
- 1 Prise Garam Masala

Zubereitung

Huhn auslösen, Fleisch mit Knochen und Gewürzen, sowie Gemüse mit Wasser ansetzen und leicht köcheln lassen bis das Fleisch gar ist.

Suppe abseihen, das Gemüse passieren, das Fleisch würfelig schneiden und wieder der Suppe beifügen.

Zum Schluss mit Garam Masala und Salz abschmecken.

Sauerbraten a la Mörli ...

Zutaten

- 600g Rindfleisch (Schulter oder Tafelspitz)

Für die Beize:

- 1 Suppengrün, ganz klein geraspelt
- ½ Zwiebel, ganz klein gehackt
- 2 EL Essig
- ½ l Rotwein
- 1/8 l Wasser
- 1 TL Pfefferkörner
- 4 Wacholderbeeren
- 1 Lorbeerblatt
- 1Prise Salz
- 1 EL Zucker
- 3 Nelken

- 3 EL Sauerrahm
- ½ TL Maizena

Zubereitung

Alle Zutaten der Beize aufkochen und abkühlen lassen. Fleisch in eine Schüssel geben und mit Beize bedecken – bei Bedarf Wein dazu, bis das Fleisch abgedeckt ist. Mindestens 3 Tage im Kühlschrank lassen, täglich 1-2x das Fleisch wenden.

Nach der Beizzeit das Fleisch herausheben und abtrocknen. Auf allen Seiten kurz und scharf anbraten. Beize dazu, etwas nachsalzen. Bei 180 Grad 2 ½ Stunden zugedeckt braten. Danach Fleisch herausnehmen.

Mit Stabmixer die Soße mixen, nochmals halbe Stunde mit Fleisch weiterbraten, öfter umrühren. Soße kosten und eventuell nachwürzen.

Sollte die Soße zu grob sein, dann noch durch ein Sieb streichen. Maizena in Rahm einrühren und unter die Soße rühren, kurz aufkochen.

Beilagen: Semmel-, Servietten- oder Erdäpfelknödel, Rotkraut, Preiselbeermarmelade

Torai Buna Masala **Zuchini Masala** ●○○

Zutaten

- 300 g Zucchini, in Scheibe geschnitten
- 1 Zwiebel, gewürfelt
- 3 EL Ghee
- 2 Paradeiser, gewürfelt
- 6 Nelken, geschrotet
- 1 cm Ingwer, in Steifen geschnitten
- 3 grüne Pfefferoni, fein gehackt
- 1 TL Kurkuma
- Salz
- frische Minze

Zubereitung

Ghee in einer Pfanne erhitzen und den Zwiebel goldbraun anbraten. Paradeiser, Nelken, Ingwer und Kurkuma mit anrösten. Zucchini , Salz, Pfefferoni und Minze beigeben und fertig kochen.

Klassisches Rotkraut ●●○

Zutaten für 6 Personen

- 1 kleiner Rotkrautkopf
- 1 kl. Glas Apfelmus
- 1 Zwiebel, geschält
- 8 Gewürznelken
- 1 Stange Zimt
- 1 Lorbeerblatt
- 3 EL Zucker
- 2 EL Öl
- 2 EL Essig
- etwas Gemüsesuppe
- 2 EL Mehl
- 400ml Rotwein
- Salz
- 2 EL Ribiselmarmelade
- Prise Zimt

Zubereitung

Das Kraut fein hobeln, am besten mit einer Aufschnittmaschine. Öl in einem Kochtopf erhitzen und Zucker darin karamellisieren. Das Kraut und Essig dazugeben, um die Farbe zu erhalten.

Das Apfelmus untermischen. Die Zwiebel mit den Nelken spicken und alle Gewürze dazugeben. Mit wenig Suppe auffüllen und etwa 40 Minuten unter mehrfachem Umrühren köcheln lassen. Salzen, mit Mehl stäuben, gut verrühren und den Rotwein zugießen, Marmelade unterrühren. Weiter kochen, bis das Kraut weich ist, ca 20-30 Minuten.

Als Beilage zu gebratenem Tofu, zu Kartoffeln, aber auch für Ente, Wild, usw. geeignet.

TIPP
Am besten schon einen Tag vorher zubereiten, denn beim Aufwärmen entfaltet sich sein volles Aroma.

Eigene Notizen und Rezepte...

PFEFFER

weiß, schwarz, grün, rot, rosa, Langpfeffer

Indischer Name: Pippali
Botanischer Name: Piper nigrum,
Piper longum (Langpfeffer),
Schinus terbinthifolius (rosa Pfeffer)

Verwendungsform

Früchte, unterschiedlich reif

ALLGEMEIN

Pfeffer hat den Lauf der Geschichte entscheidend beeinflusst, denn die Suche des Seeweges, um an den „König der Gewürze" zu kommen, trug entscheidend zur Kolonialisierung bei. Marco Polo, Vasco de Gama, Christoph Kolumbus, Magellan wollten durch dieses Gewürz zu Wohlstand gelangen.

Pfeffer wurde im Wert mit Gold gleichgesetzt. So zahlte man im Mittelalter Steuern, Mieten, Aussteuern mit Pfeffer. Der Ausdruck „gepfefferte Rechnung" lässt auf den damals hohen Wert von Pfeffer schließen. Seit jeher wächst der Pfeffer im Südwesten von Indien, vor allem an der Malabarküste, der sogenannten „Pfefferküste". Dort findet er durch zweimal jährlich stattfindenden Monsun und Trockenzeit die idealen Bedingungen.

Es gibt Pfeffer in den Farben grün, rot, weiß, schwarz, rosa. Die unterschiedlichen Farben ergeben sich durch Reifezeitpunkt und die Verarbeitung.

Grüner Pfeffer wird unreif geerntet, in Salzlake eingelegt oder getrocknet. Das Aroma ist weniger ausgeprägt, feiner aber trotzdem scharf. Eingelegte Pfefferkörner vor der Verwendung eventuell kurz mit Wasser abspülen.

Schwarzer Pfeffer wird kurz vor der Reife geerntet und an der Sonne getrocknet. Er ist scharf und stark aromatisch.

Für weißen Pfeffer werden die vollreifen roten Beeren geerntet, etwa eine Woche in Wasser eingelegt und nach dem Trocknen in der Sonne geschält. Er hat ein mildes, feines Aroma. Roter Pfeffer behält seine Farbe durch eine sehr späte Ernte und das Einlegen in einer Lake oder durch Trocknen im Schatten und nicht schälen. Er vereint die Schärfe des weißen Pfeffers mit einem fruchtigen Aroma.

Eine Ausnahme unter den Pfeffersorten ist der rosa Pfeffer. Er gehört nicht zur Pfefferfamilie, sondern ist die Frucht des sogenannten brasilianischen Pfefferbaumes. Er hat eine gewisse Süße mit pfeffrigem Nachgeschmack und sollte immer frisch zerstoßen werden, da sich das Aroma schnell verflüchtigt.

Langpfeffer, der sogenannte Urpfeffer, besitzt lange Fruchtstände und hat ein pfeffriges, mildes, leicht süßes Aroma.

NATURHEILKUNDLICHE VERWENDUNG

Pfeffer zählt zu den wärmenden Gewürzen. Der scharf brennende Geschmack des Pfeffers regt reflektorisch Speichel- und Magensaftsekretion an, ebenso die Ausschüttung der Verdauungsenzyme. Pfeffer hat daher eine deutlich appetitanregende und verdauungsfördernde Wirkung.

Er hilft ebenso gegen Übelkeit und Blähungen, reguliert den Wasserhaushalt im Darm, tötet Bakterien im Essen ab. Pfeffer wirkt aufgrund des ätherischen Öls und der Fermente durchblutungsfördernd, stoffwechselanregend, entzündungshemmend, leicht fiebersenkend. In Indien wird er seit jeher als Allgemeinheilmittel verwendet: vom Zahnschmerz bis zu Lähmungserscheinungen.

GESCHMACK UND AROMA

Da gemahlener Pfeffer schnell an Aroma verliert, am besten immer frisch reiben. Zur vollen Entfaltung des Aromas kommt Pfeffer erst am Ende des Kochvorganges in die Speise.

VERWENDUNG IN DER KÜCHE

Universalwürzmittel, um Speisen Schärfe zu geben. Pfeffer macht

- Schweinefleisch
- Rindfleisch würziger

und unterstreicht den Geschmack von

- Eiergerichten und
- Meeresfrüchten.

Er passt jedoch auch zu süßen

- Obstspeisen, vor allem zu Birnen und Erdbeeren.

Grüner Pfeffer wird gerne für

- Wild
- Lamm
- Schweinebraten
- Ente und Terrinen verwendet.

Schwarzen Pfeffer benützt man bei

- dunklen Soßen
- Suppen
- Marinaden
- gebratenem und gegrilltem Fleisch
- Eintopfgerichten
- Wild- und Pastagerichten.

Weißer Pfeffer hat den Vorteil, dass er in hellen Soßen kaum zu sehen ist. Passt auch gut zu

- Fisch und Salaten.

Rosa Pfeffer passt sehr gut zu

- Gemüse und Zitrusfrüchte und
- veredelt Fischgerichte.

Durch sein süßes Aroma eignet er sich auch für Süßspeisen wie zB.

- Beerendesserts und
- Schokoadespeisen.
- Durch die Farbe ist er auch eine Zierde für jedes Gericht

Langpfeffer wird vor allem in Indien und Indonesien für

- Currys und Pickels verwendet.

TIPP

Pfanne ohne Fett erhitzen, ganze Pfefferkörner dazu und bei mäßiger Hitze erwärmen – nicht rösten! Anschließend die Körner im Mörser zermahlen. Schmeckt doppelt so gut!

Mango Chutney

vegan, S.232

Jhinga Malabary **Garnelen** ● ○ ○

Zutaten

- ½ kg Garnelen ohne Schalen
- 1 Zwiebel
- 4 Knoblauchzehen
- Ingwerknolle
- etwas Ghee
- 1 EL Rosinen

In ¼ l Wasser einrühren:

- 1 EL Curry
- 1 TL Paprikapulver
- ½ TL frisch geschroteter Pfeffer
- Salz

- 1/8 l Kokosmilch
- 1 Zitrone
- 1 TL Chat Masala

Zubereitung

Garnelen mit Rosinen und gehacktem Knoblauch anrösten, zur Seite stellen.

In einer extra Pfanne Zwiebel mit Knoblauch in Ghee goldbraun rösten, dann in Wasser eingerührte Gewürze dazu und kurz schmoren.

Die gerösteten Garnelen und Kokosmilch dazu, kurz weiterschmoren.

Zum Schluss mit Zitronensaft und Chat Masala abschmecken.

Alfreds Pfefferfleisch ● ○ ○

Zutaten

- 400g Hühner- oder Putenbrust
- Butterschmalz
- ½ Zwiebel, in Ringe geschnitten
- 2 Essiggurkerl, in feine Streifen geschnitten
- 1 TL Kapern
- ¼ l Suppe, kalt
- 1 Schuss Weißwein
- grüner eingelegter Pfeffer
- Salz
- Prise Majoran

Zubereitung

Hühner- oder Putenbrust in nicht zu dünne Streifen schneiden, leicht mehlieren und auf mehrere Etappen in heißem Butterschmalz kurz anbraten, bis sie leichte Farbe annehmen, dauert ca. 2 Minuten. Herausnehmen und zur Seite stellen.

Die Zwiebel im gleichen Fett anrösten, dann die Gurkerl und fein gehackte Kapern dazu. Leicht mit Mehl stauben, mit kalter Suppe aufgießen und einen Schuss Weißwein dazu. Kochen, bis die Zwiebel weich ist. Mit grünem Pfeffer mitsamt dem Einlegesaft kräftig würzen und einreduzieren. Dann erst mit Salz abschmecken.

Die Wiener Küche würzt mit einer Prise Majoran. Vor dem Anrichten das Fleisch dazu und 2-3 Minuten ziehen lassen und mit Petersilie bestreuen.

Variante: feingeschnittenen Speck mitkochen. Als Beilage Reis oder Nudeln empfehlenswert.

Aloo Mirch Masala **Erdäpfel Chili** ●●○

Zutaten

- 400g kleine Erdäpfel mit Schale, ganz
- 2 grüne Chili, fein gehackt
- 10 Pfefferkörner, geschrotet
- 3 Lauchstangen, fein schneiden
- 1 cm Ingwer, in Streifen geschnitten
- Salz
- 3 EL Ghee

Zubereitung

Ghee in Pfanne erhitzen, Erdäpfel darin goldbraun rösten. Zwiebel, Pfeffer, Ingwer beifügen und kurz anrösten.

Zum Schluss mit Chili und Salz abschmecken.

vegan

Mango Chutney ●●○

Zutaten

- 2 frische, reife Mangos
- 5 Stück Langpfeffer
- 10 schwarze Pfefferkörner
- 2 Chilischoten, mild
- 2 Lorbeerblätter
- 2 Zehen Knoblauch, fein geschnitten
- 1 große Knolle Ingwer, in Streifen geschnitten
- ¼ kg Gelierzucker (1:1)
- 1 EL schwarzer Kümmel
- 2 -3 EL Apfelessig

Zubereitung

Mangos abschälen und klein würfelig schneiden. Fruchtfleisch vom Kern sauber abputzen.

2/3 Mango in 1/2l Wasser aufkochen, 10 Minuten zugedeckt kochen. Dann Gelierzucker mit Prise Salz dazu, 5 Minuten kochen, ab und zu rühren.

Danach pürieren, ev. Wasser dazu, falls es zu dick ist. Restliche Mango dazu, sowie geschroteten Langpfeffer, Knoblauch, Ingwer, Chili, Lorbeer. Langsam kochen und reduzieren lassen, bis die Masse etwas eingedickt ist. Mit Salz abschmecken, vom Herd nehmen, Apfelessig unterrühren.

In Gläser einfüllen und mit wenig lauwarmem Apfelessig begießen, nicht mehr umrühren. Gläser verschließen, umdrehen und am Deckel stehend auskühlen lassen.

Eigene Notizen und Rezepte...

PIMENT

Neugewürz

Indischer Name: Kabab Chini
Botanischer Name: Pimenta dioica

Verwendungsform

Getrocknete Beeren, ganz oder gemahlen. Piment wird noch grün, kurz vor der Reife geerntet und an der Sonne getrocknet. Das Fruchtfleisch schrumpft dadurch zu einer dünnen, rauen, braunen Schale.

ALLGEMEIN

Piment wird auch „Nelkenpfeffer" oder „ Neugewürz" genannt.

Man vermutet, dass bereits die Azteken und Mayas dieses Gewürz verwendeten. Piment kam jedoch erst im 16. Jahrhundert nach Europa und war bis dahin hier noch vollkommen unbekannt, obwohl dessen Entdeckung schon viel früher Christoph Kolumbus zugeschrieben wird:

Als er und seine Mannen buchstäblich dahin fuhren „wo der Pfeffer wächst", fanden sie zunächst diese braunen Körner. In der Annahme, den echten Pfeffer vor sich zu haben, tauften die spanischen Seefahrer das Gewürz „pimienta"- auf deutsch „Pfeffer". Der Irrtum klärte sich allerdings bald auf, und kaum hatten Kolumbus und Co. den echten Pfeffer gefunden, ließen sie den Piment links liegen. Erst rund 200 Jahre nach dem Tod des großen Entdeckers gelangten die Körner dann doch noch aus der Neuen in die Alte Welt.

NATURHEILKUNDLICHE VERWENDUNG

Schon die Azteken schätzten Piment nicht nur als Gewürz für ihr Leib- und Magengetränk „Xocolatl", sondern auch wegen seiner lindernden und heilsamen Wirkung. Piment hat viele Eigenschaften von Nelken. In der Naturheilkunde setzt man die Beeren vor allem als wirksames Mittel bei Magen- und Darmbeschwerden, sowie Appetitlosigkeit ein.

Piment soll außerdem bei Nervosität und Stress einen sanft beruhigenden Effekt haben. Ebenso wird er bei Atembeschwerden eingesetzt, er wirkt schleimlösend.

GESCHMACK UND AROMA

Piment hat einen vielschichtigen Geschmack nach einer Mischung aus Nelken, Zimt, Muskat und Pfeffer, daher auch oft der Namen „Allgewürz". Die Würzkraft der Beeren ist stärker, wenn sie erst bei Bedarf im Mörser zerstoßen werden, fertig geriebener Piment verliert schnell an Aroma. Sein Geruch ist sehr stark und aromatisch, ähnlich den Gewürznelken, mit einem Hauch von Zimt und Muskat und mit einer leichten Pfefferschärfe. Nicht umsonst wird Piment auch Nelkenpfeffer genannt.

VERWENDUNG IN DER KÜCHE

Das vielseitige Gewürz kann für süße und pikante Speisen verwendet werden, z.B. für

- Salat
- Reisgerichte
- Fisch
- Wild
- Geflügel
- Meeresfrüchte
- Glühwein
- Weihnachtsgebäck
- Lebkuchen
- Desserts

Es gehört in Gewürzmischungen zum Einlegen von

- Sauren Gurken
- Roten Rüben und für
- Chutneys

TIPP
Verwenden Sie Pimentkörner zu gleichen Teilen gemischt mit schwarzen und weißen Pfeffer für Ihre Pfeffermühle! Eine würzige Variante!

Schlutzkrapfen mit Erdäpfelfülle

vegan, S. 244

Kashmiri Roganjosh **Lammgericht** ●●●

indisch

Zutaten

- 800g Lammfleisch mit Knochen
- 2 große Zwiebel, feingeschnitten
- 4 EL Butterschmalz
- 1 EL Knoblauch- Ingwerpasta
- 4 Stück Pimentsamen, geschrotet
- ½ TL Kreuzkümmel
- ½ TL Fenchelsamen
- ½ TL Koriandersamen
- 2 EL Ganzes Garam Masala
- 2 Lorbeerblätter
- 1 EL Curry
- ½ EL mittelscharfer Paprika
- ½ TL gemahlenen Piment
- Prise Garam Masala
- Korianderblätter
- 1 EL Ingwer, frisch geschnitten
- 1 Becher Joghurt

Zubereitung

Fleisch in kaltes Wasser einlegen für ca. ½ Stunde. Zwiebel in 4 EL Butterschmalz goldbraun anrösten, danach Kreuzkümmel, Fenchelsamen, geschroteten Piment, Koriandersamen dazu.

Fleisch dazu, kurz rundum anbraten und das ganze Garam Masala und Lorbeerblätter gemeinsam anrösten. Wenn Fleisch gebräunt, dann die Knoblauchpasta und Salz dazu, solange rösten, bis Öl herauskommt.

Curry und Paprika und Piment in Wasser auflösen, zum Fleisch gießen und auf kleiner Stufe zugedeckt aufkochen, bis das Fleisch gar ist, immer wieder Wasser nachgießen. Dauert ca. halbe Stunde.

Joghurt, frisch geschnittenen Ingwer, Koriander, Prise Garam Masala unterrühren, nicht mehr aufkochen.

Wildragout •••

Zutaten

- 800g Wildfleisch (Reh, Hirsch oder Wildschwein)
- 5 EL Öl
- 100g Suppengrün
- 1 Zwiebel
- 1/8 l Rotwein
- 600 ml Suppe, Wasser
- 2 EL Preiselbeermarmelade
- Salz
- Pfeffer aus der Mühle
- ½ TL Piment, gemahlen
- 4 Wacholderbeeren
- 1 Lorbeerblatt
- ½ Orange
- 1/8 l Sauerrahm
- 20 g Mehl, glatt
- 2 EL grüner Pfeffer

Zubereitung

Wildfleisch in ca 3 cm große Würfel schneiden, mit Salz und Pfeffer würzen. Geschältes Wurzelwerk und Zwiebel in Würfel schneiden.

Wildfleisch in heißem Öl scharf anbraten und aus der Pfanne heben. Wurzelwerk und Zwiebel im verbliebenen Öl bräunen, mit Rotwein ablöschen, mit Suppe oder Wasser aufgießen und aufkochen.

Fleisch, Preiselbeeren und alle Gewürze bis auf den grünen Pfeffer beigeben. Die Orange gut waschen, vierteln und beifügen.

Im Rohr bei 200 Grad zugedeckt ca 1 ½ Stunden weichgaren, im Druckkochtopf dauert es 20 Minuten.

Fleisch und die Orange aus der Soße nehmen, Sauerrahm und Mehl gut verrühren, unter die Soße rühren, kurz aufkochen und fein passieren. Fleisch und grünen Pfeffer unter die Soße rühren.

Frische Pilze mit Gemüse ●○○

Zutaten

- 500g gemischte Pilze
- 500g Gemüse der Saison
- 1 TL Kreuzkümmel
- 1 TL schwarzer Pfeffer, geschrotet
- 1 TL Koiandersamen
- 1 feingehackte Zwiebel
- 1 Knolle ganz fein geschnittener Ingwer
- Prise Chat Masala
- Frischer Koriander, fein gehackt
- 5 Stück Piment, geschrotet
- 3 EL Ghee
- Saft von 1 Limette

Zubereitung

Pilze ohne Fett rösten, nicht salzen!
Ghee mit Zwiebel, Koriander, Kreuzkümmel, geschroteten Pfeffer und Piment anrösten, Pilze und Gemüse dazu, fertig rösten. Pilze, sowie 1 Tasse Gemüsesuppe rein gießen, salzen. Solange kochen, bis die gesamte Flüssigkeit stark reduziert ist!

Korianderblätter und Ingwer untermischen und noch kurz kochen lassen.

Limettensaft und Chat Masala unterrühren, nicht mehr kochen.

vegan

Schlutzkrapfen mit Erdäpfelfülle ●○○

Zutaten für 30 Stück (4 Portionen)

- 4 Erdäpfel, gekocht
- 1 kleine rote Zwiebel, fein gehackt
- 1 Prise Muskat gemahlen
- 1 Prise Piment gemahlen
- Salz
- 400g Dinkelmehl
- max. 300ml Wasser
- ½ TL Salz
- 1 Bund Schnittlauch
- 100 g veganen Käse
- 125 g zerlassene Margarine

(bei nicht- veganer Zubereitung Butter verwenden)

Für 30 Stück und geduldige Köche Ausstecher mit ca. 8 cm Durchmesser nehmen! Ungeduldige Köche nehmen einen größeren Ausstecher!

Zubereitung

Erdäpfel schälen, zerdrücken und mit klein gehacktem Zwiebel und den Gewürzen sowie Salz vermischen.

Aus Dinkelmehl, Salz und Wasser einen Nudelteig machen. Ausrollen (je trockener der Teig, desto leichter ist das Ausrollen, sonst mit Mehl zwischen 2 Backpapieren ausrollen) bis er ca. 1-2 mm dick ist und runde Formen ausstechen.

Die Teigformen je mit einem Teelöffel Erdäpfelmasse füllen und zusammenklappen. Mit den Gabelzacken am Rand zudrücken. So entsteht auch ein schönes Muster.

Die geschlossenen Nudeln werden 6 - 10 Min. in leicht köchelndem Salzwasser gekocht. Fertig sind sie, wenn sie aufsteigen.
Margarine schmelzen und darüber gießen. Mit

dem fein geschnittenen Schnittlauch und geriebenen Vegankäse bestreuen.

TIPP ZUM AUSWALKEN
Ich überziehe den Nudelwalker immer mit einem Nylonsöckchen, dann bleibt der Teig beim Auswalken nicht darauf kleben (auch super Tipp beim Kekse backen im Advent!)

TIPP
Können auch sehr gut auf Vorrat gekocht werden. Dazu die ungekochten Schlutzkrapfen vor dem Abpacken auf einem Brett verteilt kurz anfrieren lassen. So können sie später einzeln entnommen und bei Bedarf unaufgetaut 6-10 Minuten in leicht kochendem Salzwasser gegart werden.

SAFRAN

Indischer Name: Zafran-Kesar
Botanischer Name: Crocus sativus

Verwendungsform

Narben des Griffels
Safranfäden werden in etwas warmen Wasser oder Milch eingeweicht, bis die Flüssigkeit eine gleichmäßige gelbe Färbung hat. Beides gibt man erst gegen Ende der Garzeit zu den Speisen.

ALLGEMEIN

Bereits vor 3500 Jahren wurde Safran erstmals schriftlich erwähnt. Man fand alte Papyrusrollen aus dem geschätzten 16. Jh. v. Ch., auf denen über 30 Safranrezepte zur medizinischen Anwendung beschrieben stehen. Im alten Rom streute man vor wichtigen Persönlichkeiten Safranblüten und in den Theatern wurde zur Erfrischung und Parfümierung Wasser mit Safran über die Zuschauer gesprüht.

In der griechischen Mythologie waren die Musen und Nymphen safrangewandet, Königinnen und Fürstinnen übernahmen dies dann später. Heute verwendet man das kleine Härchen aus der Blüte vor allem zum Kochen. Ein Kilo Safran kostet einige tausend Euro, denn für 1 kg Safran müssen bis zu 150.000 Blüten geerntet und verarbeitet werden, die ca. 1000 m² Anbaufläche beanspruchen.

NATURHEILKUNDLICHE VERWENDUNG

Safran wirkt krampflösend und beruhigend, daher wird er bei Blähungen, Krampfhusten und als Beruhigungsmittel eingesetzt. Safran macht durch sein starkes Aroma Appetit. Außerdem hat er die Eigenschaft durch Anregung der Speicheldrüse Nahrungsmittel, die reich an Kohlenhydraten sind, leichter verdaulich zu machen. Er wirkt menstruationsfördernd und hilft bei Schlaflosigkeit und Zahnschmerzen. Safran enthält einen Inhaltsstoff, der die Qualität der männlichen Samen verbessert.

GESCHMACK UND AROMA

Safran hat ein charakteristisches, anhaltendes, warmes Aroma.

VERWENDUNG IN DER KÜCHE

Safran macht nicht nur „den Kuchen gelb", sondern gibt ein besonderes Aroma sowie Geschmack. Safran wird wegen seines ausgeprägten Aromas und der leuchtenden Farbe geschätzt.

Er findet sowohl in Indien für die feierliche Pilaw Einsatz, ebenso wie für die spanische Paella und das italienisches Risotto Milanese. Auch für Süßspeisen ist es eine beliebte Würze, um den Geschmack zu vollenden.

Chicken Korma

indisch, S.251

Chicken Korma

Indisches Hochzeitsgericht mit Huhn ● ● ●

Zutaten

- 1 ganzes Huhn, zerteilt, ohne Haut, mit Knochen
- Ghee
- 4 Zwiebeln
- 3 Zehen Knoblauch
- Ingwer, daumengroß

- 3 Nelken, ganz
- ½ TL Koriandersamen
- 1 Zimtstangen
- 2 Lorbeer
- 5 Pfefferkörner

- 2 EL Koriander, gemahlen
- Messerspitze Chili
- ½ EL Paprika
- Salz
- Pfeffer

- 3 Kardamomkapseln
- Joghurt und Schlagobers, ¼ l insgesamt
- 1 Prise Garam Masala
- Prise Safran

Zubereitung

Zerkleinerten Knoblauch und Ingwer mit etwas Wasser mit dem Stabmixer cremig pürieren. 3 Zwiebeln in dünne Scheiben schneiden und goldbraun in Ghee anrösten, vom Fett entnehmen. 1 kleingeschnittene Zwiebel im verbliebenen Butterschmalz goldbraun rösten, die Gewürze des 2. Absatzes dazu. Kurz weiterrösten.

Dann Fleisch und Gewürze des 3. Absatzes dazu, kurz rösten und braten bis das Fleisch gar ist. Die 3 gerösteten Zwiebeln mit Joghurt und Kardamon mit Mixstab pürieren, dann mit etwas Wasser zu den gerösteten Hühnerstücken geben. Safranfäden in ganz wenig lauwarmes Wasser einlegen.

Zum Schluss mit Schlagobers, Garam Masala und Safran mitsamt Einweichwasser abschmecken.

Safran- Buchteln mit Powidlfülle •••

Zutaten

Kalter Germteig „deppensicher":

- 250ml Milch, lauwarm
- 10-15 Fäden Safran
- 500g Mehl
- 100g Zucker
- 1 Packerl Trockengerm
- 100 g Butter, zerlassen
- 1 TL Salz
- 3 Dotter, zimmerwarm
- 1 EL Rum

Fülle:

- 250g Powidl
- 1 EL Rum
- 1 Messerspitze Nelkenpulver
- 1 Messerspitze Zimt

- 100g zerlassene Butter

Zubereitung

Safran für 15 Minuten in der Milch einweichen und diese dann erwärmen. Butter zerlassen. Die Milch abseihen, mit zerlassener Butter, den Eiern und Rum versprudeln. Alle Zutaten zimmerwarm miteinander vermischen und mit der Küchenmaschine 10 Minuten mit dem Knethaken rühren. Nun rastet der Teig zugedeckt im Kühlschrank für mindestens 1 Stunde, oder auch über Nacht. Alle Zutaten der Fülle sollten Raumtemperatur haben und werden gut verrührt.
Aus dem Germteig eine Rolle formen und in 20 gleichgroße Stücke teilen. Jedes Teigstück flach drücken, Fülle in die Mitte setzen. Die Teigänder nach oben ziehen und verschließen, in reichlich zerlassener Butter wenden und mit der Nahtstelle nach unten eng nebeneinander in eine sehr gut bebutterte Form setzen. Im vorgeheizten Rohr bei 170Grad ca. 35 Minuten backen. Vor dem Servieren mit Staubzucker bestreuen. Schmecken vor allem warm wunderbar!

Indisches Reisdessert

Indisches Hochzeitsgericht ● ○ ○

Zutaten

- 300g Basmati-Reis
- 50g Zucker
- 50 g Rosinen
- 100 g Butterschmalz (Ghee)
- 80 g Mandelsplitter
- Prise Safran
- 450ml Wasser

Zubereitung

Reis 15 Minuten im kalten Wasser einweichen. Safranfäden dazu, aufkochen. Wenn der Reis aufkocht, dann zurückschalten und zugedeckt gar kochen.

In Ghee Rosinen und Mandelsplitter anbraten, Zucker dazu und anrösten. In den fertig gekochten Reis unterrühren.

Pilzsuppe mit Safran ●○○

Zutaten

- 2 Schalotten
- Margarine
- 2 EL griffiges Mehl
- ¼ l Reismilch
- Salz
- Pfeffer
- 200 g verschiedene, frische Pilze, gewürfelt
- ¼ l Gemüsesuppe
- 8-10 Fäden Safran

Zubereitung

Schalotten in Würfel schneiden, in Margarine anschwitzen. Wenn sie goldbraun sind, dann die Pilze dazu und 3-4 Minuten anrösten.

Mit Mehl stäuben, kurz anbräunen und mit Reismilch und Gemüsesuppe aufgießen. Salzen und pfeffern. Langsam kochen lassen.

Die Safranfäden in ganz wenig lauwarmen Wasser einweichen und in Suppe einrühren.

Eigene Notizen und Rezepte...

SENF

Indischer Name: Rayi
Botanischer Name: Weiße Senfkörner: Sinapsis alba
Schwarze oder braune Senfkörner: Brassica nigra
Sarepta-Senfkörner: Brassica juncea

Verwendungsform

Senfsamen: ganze Körner, Pulver, Öl

ALLGEMEIN

Geschichtlich spielte Senf schon immer eine wichtige Rolle. In einem Gleichnis in der Bibel wird das Senfkorn erwähnt (Matthäus 13,31.32), Phytagoras schlug Senfpaste gegen Skorpionstiche vor und Hippokrates empfahl Senf für innere und äußere Anwendungen. Im Mittelalter brachten die Araber Senf nach Spanien und von dort aus gelang er durch ganz Europa. Vor allem Frankreich mit der Stadt Dijon ist für seine Senfproduktion weltweit bekannt.

NATURHEILKUNDLICHE VERWENDUNG

Senf enthält ein scharfes ätherisches Öl, das die Verdauung anregt, Darm und Galle aktiviert, gegen Sodbrennen und Erbrechen hilft. Aber Achtung! Zu intensiver Senfgenuss kann zu Reizungen der Magenschleimhaut und der Nieren führen.

Man kann schwarzen Senf aber auch äußerlich als Senfpflaster anwenden, um die Haut zu reizen und so die Durchblutung zu fördern. Das Pflaster wird dabei oft bei Rheuma, Ischias und Muskelbeschwerden eingesetzt, ebenso bei Gelenkentzündungen, Nervenentzündungen, Krämpfen und Koliken, inneren Entzündungen, Kopfschmerzen (Nackenbehandlungen).

Die Durchblutung wird hierbei nicht nur direkt in der Haut, sondern auch im darunterliegenden Gewebe verstärkt. Daher können Entzündungsprozesse in den Gelenken und inneren Organen durch die Erwärmung und Durchblutung beeinflusst werden. Bei Gelenksentzündungen, eventuell aber auch anderen Entzündungen, sollte man berücksichtigen, dass sie im akuten Stadium jedoch häufig eher Kühlung brauchen als Wärme! Festsitzende chronische Entzündungen profitieren jedoch von einer wärmenden Behandlung. Am besten probiert jeder vor dem Einsatz eines Senfpflasters zunächst aus, ob ihm persönlich Wärme bei der Entzündung gut tut. Vorsicht: Empfindliche Körperstellen, wie

Gesicht oder Brüste, dürfen nicht mit einem Senfpflaster behandelt werden.

So bereitet man Senfpflaster (Senfbreiumschlag) zu:

- Senfkörner frisch zu Mehl vermahlen.
- Eventuell mit etwas Roggenmehl verdünnen.
- Mit 40°C warmem Wasser zu Brei verrühren.
- Auf Stofflappen (Leinen) fingerdick auftragen.
- Dünnes Gazetuch befeuchten.
- Feuchtes Gazetuch auf die erkrankte Stelle legen.
- Darüber Senfbrei mit Tuch auf die erkrankte Stelle legen.
- Abwarten bis starkes Brennen einsetzt.
- Eine weitere Minute warten.
- Mit warmem Wasser werden Senfreste von der Haut gespült.

Die Zeitdauer des Umschlags beträgt je nach Intensivität des Senfes und Empfindlichkeit zwischen wenigen Minuten und einer halben Stunde. Wichtig ist, dass man den Umschlag spätestens eine Minute nach dem Einsetzen des Brennens entfernt. Die Haut sollte auf keinen Fall zu stark gereizt werden. Das Senfmehl sollte frisch gemahlen sein, denn altes Senfmehl hat nur noch einen geringen Wirkstoffgehalt. Das verwendete Wasser darf nicht heißer als 40°C sein, weil es sonst den Senf unwirksam macht.

Durch die Schärfe der Senfölglycoside und des ätherischen Öls kann Senf außerdem die Atemwege befreien. Man kann scharfen Senf essen, um eine verstopfte Nase zu öffnen und die Nebenhöhlen bei Nebenhöhlenentzündung zu desinfizieren. Zum Gurgeln bei Halsentzündung und Bronchitis gibt man Senfkörner ins heiße Wasser.

GESCHMACK UND AROMA

Weiße und gelbe Senfkörner sind mild, leicht süßlich, im Gegensatz zu den würzigeren, schärferen schwarzen und braunen Körnern. Beißend scharf schmecken die Sarepta-Senfkörner. Senfkörner haben keinen Geruch. Sarepta-Senfkörner ersetzten immer mehr die schwarzen, da sie sich leichter ernten lassen.

VERWENDUNG IN DER KÜCHE

Ganze Senfkörner eignen sich besonders gut zum Einlegen für

- Gurken
- Gemüse
- Chutneys
- Sauerkraut und Kochsud.

Wenn sie zuerst angeröstet werden, etwa für Gemüsespeisen, poppen sie in der Pfanne ähnlich wie Popcorn (Deckel bereithalten!). In Indien werden vor allem geröstete Sareptasenfkörner verwendet, z.B. für

- Currys oder
- gewürztem Ghee
- Gemüse- oder Dal-Gerichte.

Schwarze oder braune schmecken sehr gut zu

- Fisch- oder Gemüsegerichten.

Senfpulver vor der Verwendung in Wasser auflösen und 15 Minuten rasten lassen, damit es seine Schärfe entwickeln kann. Um die Schärfe zu erhalten gibt man das angerührte Pulver erst zum Schluss in die heißen Speisen, wie

- Eintöpfe
- Saucen
- Suppen

Tafelsenf wird aus gemahlenen Senfkörnern, Salz und Essig hergestellt. Spezielle Zutaten wie Kräuter, Früchte, Gewürze, Weißwein, oder gar Champagner geben unterschiedlichen Senfsorten den unverwechselbaren Geschmack.

Ein perfektes Salatdressing gelingt ebenfalls nur mit Tafelsenf, da dieser Öl und Essig zu einer sämigen Konsistenz verbindet. Dazu füllen Sie in ein kleines verschraubbares Glas Öl, Essig, 1 Kaffeelöffel Tafelsenf, fein gehackte Kräuter und Salz (und für uns Wiener eine Prise Zucker - wir lieben Zucker im Salat!). Schütteln Sie nun das Glas für ein paar Sekunden - fertig ist eine wunderbare Marinade für Ihren Salat.
Für einen fruchtig exotischen Geschmack bereiten Sie das Salatdressing mit dem Feigensenf von Seite 266 zu.

Versuchen Sie auch Senf-Sprossen zu ziehen, die delikat zum Beispiel zu einem Salat schmecken. Hierfür etwa 2 EL Senfkörner auf Watte legen, ein- bis zweimal täglich leicht befeuchten bis sie keimen.

Südindischer Lemon Reis

vegetarisch, S.265

Gobhi-Bhaji **Karfiol- Brokkoli** ● ○ ○

Zutaten

- 4 EL Öl
- ¼ TL schwarze Senfsamen
- 250g Erdäpfel, klein würfelig geschnitten
- 500g Karfiol, zerteilt
- 250g Brokkoli, zerteilt
- 1 TL gemahlener Kreuzkümmel
- ½ TL gemahlener Kurkuma
- ½ TL gemahlener Koriander
- ½ TL Garam Masala
- 2 Knoblauchzehen, fein gehackt
- 2 grüne Chilis
- 2 Curryblätter

Zubereitung

Öl in einer schweren Pfanne erhitzen, Senfsamen und Kreuzkümmel hinzugeben und sofort mit einem Deckel für eine Minute schließen.

Dann die Erdäpfel hinzufügen und kurz anbraten. Karfiolröschen und Brokkoli, alle anderen Gewürze, Curryblätter und Knoblauch gut unterrühren. Mit 60ml Wasser ablöschen und zugedeckt 7 Minuten köcheln lassen, bis der Karfiol gar ist.

Mit Salz abschmecken.

Truthahn Geschnetzeltes mit Senfsoße ●○○

Zutaten

- 1 Zwiebel, gewürfelt
- Butterschmalz (Ghee)
- 800g Truthahn, gewürfelt
- Salz
- 1 TL Paprika
- 1 TL Senfpulver
- 1 Tasse Suppe
- ½ TL Kümmel
- 2 Lorbeerblatt
- Salz
- 1/8 l Schlagobers
- Muskatnuss
- Pfeffer

Zubereitung

Zwiebel im Butterschmalz glasig rösten, das Fleisch dazu und mitrösten. Salz, Paprikapulver, Senfpulver in Suppe auflösen, unter das Fleisch rühren, Kümmel und Lorbeerblätter dazu und kochen bis das Fleisch durch ist.

Mit Schlagobers aufgießen und mit wenig Muskat, Pfeffer und Salz abschmecken.

Beilage: Nockerl, mehlige Erdäpfel

Südindischer Lemon Reis

Beilage ●●○

Zutaten

- 1 Tl gelbe oder schwarze Senfkörner
- 3 EL Ghee
- 1 rote Chilischote, getrocknet
- 150g mehlige Erdäpfel, würfelig geschnitten
- 200g Reis
- Geschroteter Pfeffer
- 1TL Kurkuma
- 3-4 Stück Curryblätter
- 1 Tasse Suppe
- Saft von 2 Limetten

Zubereitung

Reis für ½ Stunde in Wasser einweichen. Butterschmalz warm werden lassen, Senfkörner und Erdäpfel hinein und SOFORT mit Deckel bedecken, bis Erdäpfel Farbe bekommen.

Chilischoten, Pfeffer kurz anrösten, in Suppe aufgelöste Kurkuma und Curryblätter dazu, mit restlicher Suppe aufgießen, kochen lassen und nach 5 Minuten den Reis dazu.

Fingerhoch bedeckt Wasser dazu und wenn Wasser aufkocht, bei minimaler Hitze zugedeckt den Reis fertiggaren.

Den fertigen Reis mit Limettensaft vermischen.

Feigensenf ●○○

Zutaten für ca. 600 ml

- 1 EL gelbe Senfkörner
- 1 Chilischote
- 500g frische Feigen
- 500g Gelierzucker 1:1
- Saft von 1 Zitrone
- 1 EL gemahlenes Senfpulver
- 1 ½ EL Dijonsenf
- Weißer Pfeffer

Zubereitung

Die Feigen schälen und klein würfeln und in einen hohen Topf geben. Den Gelierzucker unterrühren. Die Chili fein hacken und zu den Feigen geben. Die Masse mit dem Zitronensaft, Senfpulver, Senfkörner, Dijonsenf und reichlich weißem Pfeffer abschmecken.

Alles unter ständigem Rühren aufkochen und mindestens 3 Minuten sprudelnd kochen lassen.

Den Senf heiß in vorbereitete Gläser geben und sofort verschließen. Gläser umdrehen und auf dem Deckel stehend auskühlen lassen.

Der Senf schmeckt besonders gut zu Tofu und Käse.

Eigene Notizen und Rezepte...

ZIMT

Indischer Name: Dalchiny
Botanischer Name: Cinnamomum zeylanicum

Verwendungsform

innere Rindenschicht: in Stangen oder als Pulver

ALLGEMEIN

Zimt war bei den Pharaonen 1500 v.Chr. Bestandteil von Ritualen, was anhand von Hieroglyphen in Pyramiden belegt wurde. Im 15. und 16. Jahrhundert fanden Erkundungsfahrten von holländischen und portugiesischen Händlern mit ihren Schiffen statt, um zu diesem exotischen Gewürz zu kommen. Im Mittelalter erkannte man schon die antibakterielle Wirkung, denn während der Beulenpest-Epidemien wurden Schwämme in Zimt und Nelken eingeweicht und in Krankenzimmern platziert.
In Österreich schenkten sich Liebende ein Sträußchen mit Zimtstangen als Zeichen ihrer Zuneigung.

NATURHEILKUNDLICHE VERWENDUNG

Zimt ist ein ausgesprochen vielfältiges Heilmittel. Es gibt kaum ein Leiden, das man nicht mit Zimt lindern kann. Vor allem in Asien gilt er als Allheilmittel. Zimt erleichtert die Verdauung und ist ein gutes Mittel bei Magen-/Darmbeschwerden. Er hilft auch noch bei Beschwerden wie Harnwegsinfektionen, zur Linderung von Erkältungssymptomen und den Beschwerden einer Grippe, außerdem wirkt Zimt stark antibakteriell gegen Pilzerkrankungen.

Besondere Aufmerksamkeit haben in den letzten Jahren Untersuchungen erregt, die die blutzuckersenkende Wirkung des Zimtes belegen. Zusammen mit einer geeigneten Diät, Bewegung und dem Abbau von Übergewicht kann der regelmäßige Genuss von etwa einem halben Teelöffel Zimt pro Tag den Blutzuckerspiegel deutlich senken. In leichten Diabetesfällen kann man auf diese Weise manchmal sogar auf chemische Blutzuckersenker verzichten. Bei insulinpflichtigem Diabetes kann Zimt dazu führen, dass man mit weniger Insulin auskommt.

Gleichzeitig kurbelt Zimt als wärmendes Gewürz den Stoffwechsel an, was hilfreich sein kann, wenn man Gewicht verlieren möchte. Zimt ist außerdem sehr reich an sekundären Pflanzenstoffen, so dass er zur Krebsprävention eingesetzt werden kann. Zimt stellt damit bei sehr vielen Beschwerden ein hervorragendes Nahrungsergänzungsmittel dar, das so manche Therapie begleiten und deren Wirkung verstärken kann. Frauen können mithilfe von Zimt Beschwerden bei der Menstruation und in den Wechseljahren lindern.

Zimt verbessert den Blutkreislauf, regt Herz und Kreislauf an und verjagt Müdigkeit. Außerdem wirkt er leicht wie ein Aphrodisiakum. Zimt enthält laut einer Studie Stoffe, die gegen Bluthochdruck helfen. Streuen Sie also öfter mal eine Prise davon in ein Getränk oder eine Speise. So schützen Sie Gefäße und Herz auf natürliche Weise.

Vorsicht: Da Zimt den Blutzuckerspiegel senkt, kann er sogar den Blutzuckerspiegel bei gesunden Menschen so absenken, dass er Schwindel auslöst. Verwenden Sie beim Backen Ceylon-Zimt, der Cumarinanteil ist wesentlich geringer als in anderen Zimtsorten. Das vor allem in billigen Zimtsorten enthaltene Cumarin kann jedoch gesundheitsschädlich sein. Man sollte also daran denken, wenn Kinder (oder auch wir Erwachsene) zu Weihnachten viele Zimtsterne essen.

GESCHMACK UND AROMA

Zimt hat einen exotischen Duft und warmes, holziges, süßes Aroma.

VERWENDUNG IN DER KÜCHE

Am häufigsten wird Zimt in europäischen Ländern für

- Süßspeisen
- Kuchen
- Glühwein und Rotkraut verwendet.

Im Vorderen Orient und Indien findet sich Zimt auch in

- Fleischspeisen, insbesonders mit Lammfleisch.

Ideale Verwendungsmöglichkeiten sind auch in Trockenfruchtfüllungen für

- Geflügel und Schweinebraten

sowie bei der Zubereitung von

- Kürbis und Süßkartoffeln.

Aber auch in Tees wird er gerne zur Geschmacksverbesserung eingesetzt, z.B. im Chai (Gewürztee) der Inder.

Süße Erdäpfelwuzerl mit Zwetschkenröster

österreichisch, S.276

Fatemas Hühnerfleisch ●●○

Zutaten

- 2 Zwiebeln
- 4 Hühnerbrüste
- ½ TL Zimt
- 1 TL Kurkuma
- 1 TL Kreuzkümmel
- ½ TL Garam Masala
- ½ TL Ingwerpulver
- ½ TL Kardamompulver
- 2 TL Paprikapulver
- 1 Messerspitze scharfes Chilipulver
- 3 getrocknete Chilischoten
- Salz
- 2 Zehen Knoblauch
- 5 Paradeiser
- Ghee

Zubereitung

Grob geschnittene Zwiebeln in Ghee anrösten, gewürfeltes Fleisch dazu, sowie alle Gewürze und Salz, ca. 15 Minuten dünsten lassen.

5 grob gewürfelte Paradeiser dazu und weitere 30 Minuten dünsten.

Dazu passend Reis servieren.

Süße Erdäpfelwuzerl mit Zwetschkenröster ●●○

Zutaten

- 500 g mehlige Erdäpfel
- 40 g Butter
- 100 g griffiges Mehl
- 6 EL Grieß
- 2 kleine Eier
- Brösel
- Butter
- Zimt
- Zucker

Zwetschkenröster:

- 500g Zwetschken, entkernt und halbiert
- 100g Gelierzucker (1:1)
- 1 Zimtstange
- Prise gemahlene Nelken
- Schale einer ½ Zitrone, abgerieben
- Ev 1 EL Rum

Zubereitung

Erdäpfel weich kochen, schälen und noch heiß durch eine Kartoffelpresse drücken. Butter sehr fein stückeln, kurz mit dem Kochlöffel unter die noch heißen Erdäpfel rühren und überkühlen lassen.

Eine Prise Salz hinzufügen, die Eier sowie Mehl und Grieß dazugeben und verkneten. Bei Bedarf mehr Mehl zugeben. Vom Teig kleine Stückchen abreißen, zu Wuzerln formen und in Salzwasser ca. 5 min leicht kochen.

Abseihen, gut abtropfen lassen. In einer Pfanne Butter schmelzen, Brösel einrühren und rösten. Mit etwas Zucker und Zimt vermengen und die Wuzerl darin schwenken.

Zwetschkenröster:

Alle Zutaten (außer Rum) ca. 10 Minuten auf kleiner Flamme einkochen, bei nicht sehr reifen Zwetschken anfangs eventuell etwas Wasser beifügen.

Zimtstange entfernen und mit Rum abschmecken.
Ich persönlich mixe den Röster noch ganz kurz, ein paar Sekunden, mit einem Stabmixer.

VARIANTE
die Erdäpfelwuzerl können auch in Öl herausgebacken werden und mit dem Kürbisragout (siehe Muskatnuss) serviert werden.

TIPP
Zwetschkenröster lässt sich auch gut auf Vorrat einkochen. Dafür den heißen Röster in gut verschließbare Gläser einfüllen.

Überbackener Gemüseauflauf ●●○

Zutaten

- 600g frisches Gemüse, Erdäpfel und Erbsen
- 1 TL Curry
- ½ Tasse Suppe
- 1 Zwiebel, feingewürfelt
- ½ TL Kreuzkümmel
- ½ TL Chat Masala
- ½ TL gemahlener Zimt
- ½ TL Salz
- Ingwer, frisch geschnitten
- Korianderblätter, frisch
- ¼ l Schlagobers
- 50g geriebener Käse

Zubereitung

Gemüse kurz blanchieren. Erdäpfel schälen und fein blättrig schneiden. Zwiebel goldbraun mit Kreuzkümmel anrösten. Erdäpfel kurz mitrösten und danach blanchiertes Gemüse dazugeben. Curry in Suppe auflösen und einrühren.

In die Gemüsemasse Salz, Obers, Chat Masala, Ingwer und Koriander unterrühren. Feuerfeste Schüssel befetten und mit Brösel ausstreuen, die Gemüsemasse einfüllen. Halbe Menge Zimt über Gemüse streuen. Käse darüber und diesen mit dem restlichen Zimt bestreuen.

Bei 180 Grad Oberhitze max. 20 Minuten im Backrohr überbacken, bis der Käse schmilzt und eine hellbraune Farbe angenommen hat.

Rote Rüben Suppe ●●○

Zutaten

- 1 Zwiebel, grob gewürfelt
- 1 EL Kokosöl
- 1 Süßkartoffel, geschält und grob gewürfelt
- 2 Rote Rüben, geschält und klein gewürfelt
- 1 Zimtstange
- ½ TL Kurkuma
- ½ TL Kreuzkümmel
- 1 TL Ingwer, fein geschnitten
- 1 l Gemüsesuppe
- 200ml Kokosmilch
- 2 Spritzer Zitronensaft
- Salz
- Pfeffer
- 2 EL Dill, fein gehackt
- Einige Tropfen Honig

Zubereitung

Zwiebel im Fett glasig anbraten, dann die Süßkartoffel und Roten Rüben kurz anrösten. Die Gewürze unterrühren, kurz weiterrösten und mit der Suppe aufgießen.

Ca 45 Minuten leicht köcheln lassen, bis die Rüben weich sind. Die Zimtstange entfernen und die Suppe pürieren, mit Kokosmilch verdünnen. Mit Salz, Pfeffer und Zitronensaft abschmecken und zum Servieren mit Dille sowie Honig anrichten.

vegan

ZIMT

KAPITEL 3
ANHANG

BIO-GEWÜRZANBAU UND SOZIAL- FAIRE VERMARKTUNG

Der hohen Kunst des Würzens begegnet man in Indien und dem benachbarten Sri Lanka auf Schritt und Tritt. Der unendliche Variantenreichtum in den Kochtöpfen wurzelt oftmals auf kleinen Feldern und in tropischen Gärten betörender Vielfalt.

Die gemeinnützige Organisation PODIE, der viele Gewürzbauernfamilien angehören, setzt sich seit den 1970er Jahren in Sri Lanka für eine faire Produktion und Vermarktung von Gewürzen ein.

Worauf es ankommt

Worauf es bei der Zusammenarbeit mit den Gewürzbauern ankommt, beschreibt der Geschäftsführer von PODIE, wie folgt: „Zu allererst haben wir die Menschen dabei unterstützt, sich zu organisieren. So haben sie eine Stimme. Dann haben wir gemeinsam mit ihnen Lösungen für ihre Infrastrukturprobleme gesucht. Wir stellen Trockner zur Verfügung, Verpackungsmaterial, Weiterbildung, wir holen die Ernte in den Dörfern ab…, all das trägt zur Qualitätssicherung bei. Es geht aber auch um den Preis. Im Dialog mit den ProduzentInnen vereinbaren wir garantierte Ab-Hof-Preise, auf die sie, unabhängig von den Preisschwankungen auf dem Markt, vertrauen können."

Die breite Palette von Gewürzen wird unter strengen hygienischen Bedingungen im Verpackungsbetrieb von PODIE exportfertig gemacht. Dadurch haben weitere junge Frauen regelmäßig Arbeit und Einkommen.

Eine verlässliche Handelspartnerschaft ist für PODIEs Arbeit mit den Kleinbauernfamilien ein wichtiges Fundament. Dazu trägt EZA Fairer Handel, das Pionierunternehmen für Fairen Handel in Österreich, seit 1983 durch partnerschaftliche Zusammenarbeit, direkten Import und faire Bezahlung bei. Es ist die umfassende Qualität, die diese Gewürze zu echten Kostbarkeiten macht. Sie gedeihen im Einklang mit der Natur, sind stark in Geschmack und Aroma und geben denen, die sie anbauen, sozialen und wirtschaftlichen Rückhalt.

Die Gewürze in zertifizierter Bio-Qualität gibt es in Weltläden, im Bio-Fachhandel sowie im Lebensmitteleinzelhandel.

Artikel: Andrea Reitinger
Öffentlichkeitsarbeit
EZA Fairer Handel

EZA

NATÜRLICH FAIR

www.eza.cc

GLOSSAR

- absorbieren – *in sich aufnehmen*
- blanchieren – *im heißen Wasser kurz aufkochen, rausnehmen und abtropfen lassen*
- Brösel – *Paniermehl*
- Buchteln – *Ofennudeln*
- Butterschmalz – *Ghee*
- Erdäpfel – *Kartoffel*
- Erdäpfelwuzerl – *kleine länglich geformte Stangen aus Erdäpfelteig*
- Essiggurkerl – *saure Gurke*
- Faschiertes – *Hackfleisch*
- Fisolen – *grüne Bohnen*
- Flavonoide – *sekundäre Pflanzenstoffe, vorallem Pflanzenfarbstoffe*
- Germ – *Hefe*
- Karfiol – *Blumenkohl*
- Karotten – *Möhren*
- Kohl – *Wirsing*
- Kohlsprossen – *Rosenkohl*
- Kraut – *Weißkohl*
- Kren – *Meerrettich*
- Kukuruz – *Mais*
- Matura – *Abitur*
- Melanzani – *Auberginen*
- Palatschinken – *Pfannkuchen*
- Paradeiser – *Tomate*
- plattieren – *Fleisch mit einem Fleischklopfer vorsichtig klopfen,*

um es dünner und mürber zu machen

- Powidl – *Pflaumenmus*
- reduzieren – *Flüssigkeit auf die gewünschte Konsistenz verkochen lassen*
- resorbieren – *flüssige oder gelöste Stoffe über den Verdauungstrakt oder über die Haut und Schleimhaut in die Blut- oder Lymphbahn aufnehmen*
- Rhizom – *unterirdische Sprossachse, nicht zu verwechseln mit Wurzel*
- Ribisel – *Johannisbeere*
- Rollgerste – *Graupen*
- Rote Rübe – *Rote Bete*
- Rotkraut – *Blaukraut*
- Sauerrahm – *saure Sahne*
- sautieren – *kurz in heißem Fett braten*
- Schlagobers – *süße Sahne*
- Schlutzkrapfen – *gefüllte Teigtaschen*
- Semmelwürfel – *Knödelbrot*
- stäuben – *mit Mehl leicht bestäuben*
- Striezel – *Hefezopf*
- Truthahn – *Pute*
- Topfen – *Quark*

DANKSAGUNG

Ich danke von ganzem Herzen *Riazat Ullah Khan*, geboren 1943 in Indien als jüngster Enkel von König Nawab von Awadh, der seine persönlichen indischen Rezepte und sein ayurvedisches Wissen über Gewürze an mich weitergab! Nach seinem Studium in Delhi in Ajurvedischer Kräuterkunde und Sanskrit, folgten Ausbildungen im Hotelfachbereich (unter anderem an der Tourismusschule Klessheim), die ihn über die Schweiz, Japan, Hongkong, Singapur, Kairo nach Salzburg führten, wo er 1985 das erste indisch-mongolische Restaurant Österreichs eröffnete. Er gibt heute noch Kochkurse, für die er gerne gebucht werden kann. (Kontaktmöglichkeiten S. 299)

Danke liebe...

Teresa Leimüller
Kimberly Gappmaier
Anna Wetzlmaier
Theresa Greisberger
(von links nach rechts)

Mein großer Dank gilt ganz besonders den 4 Mädels der HTL Itzling/Salzburg, Abteilung Textil- und Grafikdesign, die im Rahmen ihres Maturaprojektes mit viel Kreativität und Ehrgeiz dafür sorgten, dass das Buch ein modernes Design, ansprechende Fotos, für die Sonderausgabe exotische Stoffeinbände bekam und Gewürze in wunderschöne Stoffsäckchen verpackt wurden!

Ich bedanke mich...
für die Überprüfung der fachlichen Korrektheit bei meinen Freundinnen *Mag. Elisabeth Fritz, Dr. Sylvia Glück* und *Mag. Prisca Neulinger*.

Ich danke auch meiner Familie, vor allem meiner *Tochter Katrin*, meinem *Bruder Alfred* und meiner *Mutter*, sowie meiner *Freundin Didi* für das Beisteuern manch ihrer Lieblingsrezepte.

Danke, liebe *Katrin*, lieber *Oliver* und *Manfred*, für Euer Verständnis, wenn ich manchmal mehr Zeit mit meinem Buch als mit Euch verbracht habe. Ihr seid meine wichtigste Stütze!

WEITERFÜHRENDE LITERATUR

- ALS DIE GEWÜRZE REISEN LERNTEN, S.10: www.uni-regensburg.de
- AJOWAN, S.35: www.wikipedia.org
- ANIS - ZIMT: Kräuter, Gewürze & Essenzen/ Elisabeth Lampert Ortiz/ coventgarden (geschichtliche Hintergrundinformationen)
- KNOBLAUCH, S.144: Die gute Küche/ Plachutta, Wagne/ Orac Verlag
- KNOBLAUCH,S.147: Krebszellen mögen keine Himbeeren/ Prof. Dr. med. Richard Béliveau, Dr. med.Denis Gingras/Goldmann Verlag
- KURKUMA, S.184: Krebszellen mögen keine Himbeeren/ Prof. Dr. med. Richard Béliveau, Dr. med.Denis Gingras/Goldmann Verlag

- Johann Lafer kocht mit Kräutern und Gewürzen/ Johann Lafer/ Falken
- Gewürze/ Tanja Grandits/AT Verlag
- www.seva-ajurveda.de
- www.heilkraeuter.de

HINWEIS

Dieses Buch wurde nach dem aktuellen Wissensstand sorgfältig erarbeitet.
Die im Buch enthaltenen Ratschläge ersetzen nicht die Untersuchung und Betreuung durch einen Arzt. Jeder ist weiterhin selbst verantwortlich für sein Tun und Lassen. Somit erfolgen die Angaben in diesem Buch ohne jegliche Gewährleistung oder Garantie der Autorin. Eine Haftung der Autorin für eventuelle Nachteile oder Personen-, Sach- und Vermögensschäden durch die Gesundheitstipps und Rezepte wird ausgeschlossen.

REZEPTREGISTER

Abkürzungen

VS – Vorspeise, kleines Gericht
S – Suppe
H - Hauptspeise
HF - Hauptspeise Fleisch
HFi - Hauptspeise Fisch
HG - Hauptspeise Gemüse
HR - Hauptspeise Reis
Bei - Beilage
SüSp - Süßspeisen
B - Brot

ALPHABETISCH

NACH GEWÜRZEN

Chili

Curry

Fenchel

Garam Masala

Ingwer

ÜBER DIE AUTORIN

SABINE KOCH

Sabine Koch, ist seit 30 Jahren im Beauty- und Wellnessbereich tätig. Als diplomierte Ernährungs- und Diättherapeutin leitet sie in Henndorf am Wallersee ein eigenes „Zentrum für Xundheit und Schönheit", hält Vorträge und Workshops zum Thema Ernährung und Gesundheit und schreibt Beiträge für Zeitungen.

Kontaktmöglichkeiten unter:

- xundheit.sk@gmail.com
- www.vita-style.at

Urgroßmutters Anisbogerln

Rezept aus dem Jahr 1910

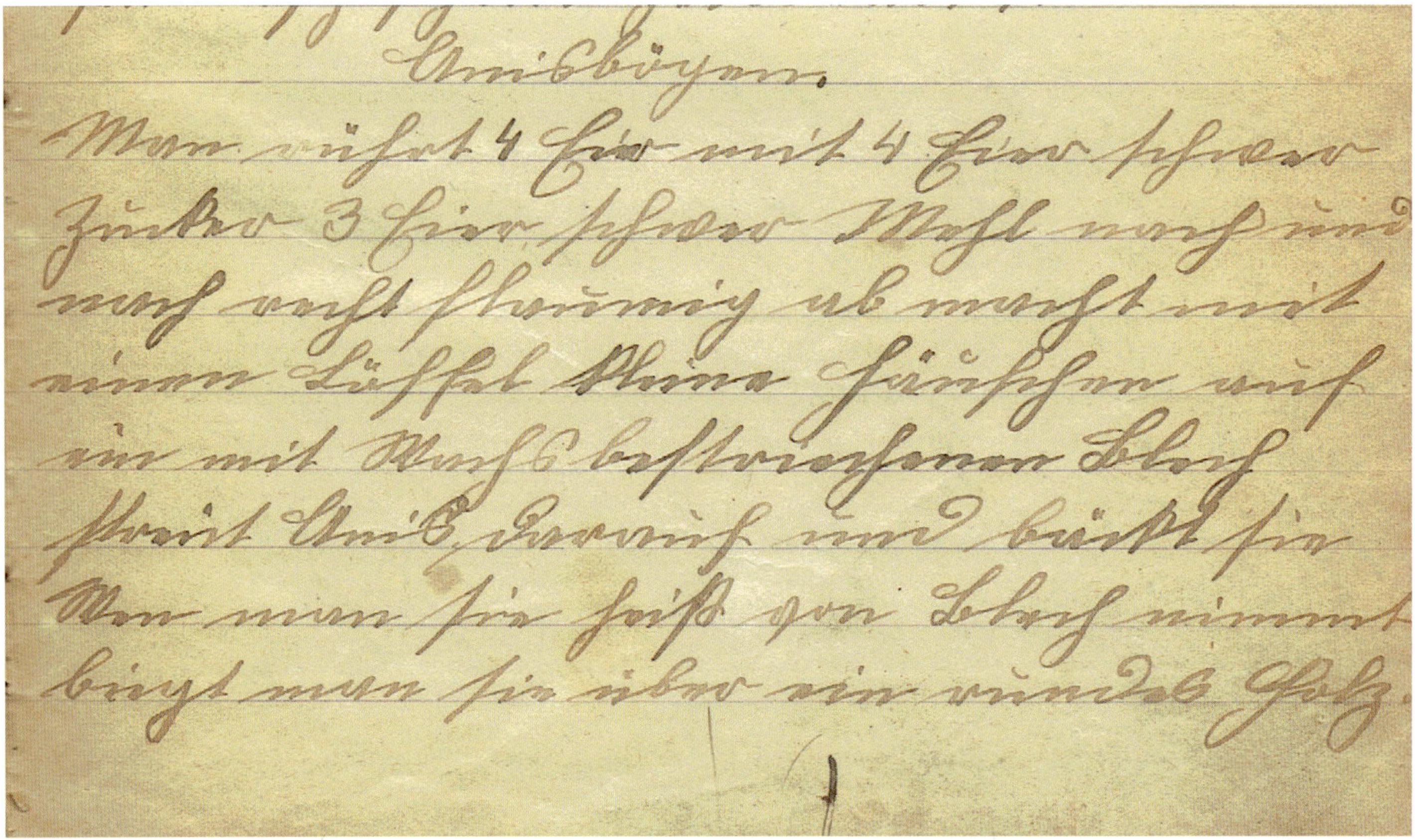
Anisbögen.
Man rührt 4 Eier mit 4 Eier schwer
Zucker 3 Eier schwer Mehl nach und
nach recht schaumig ab macht mit
einem Löffel kleine Häufchen auf
ein mit Wachs bestrichenen Blech
streut Anis darauf und bäckt sie
wenn man sie heiß vom Blech nimmt
biegt man sie über ein rundes Holz.